광화문

광화문 담장

수정전 노둣돌

영제교

건춘문

신무문

근정전 지붕

근정전

강녕전 지붕

殿寧康

兩儀門

殿泰交

강녕전 양의문

교태전 지붕

교태전 꽃담

자경전 지붕

자경전 꽃담

근정전 정

아미산 물확

집옥재 내부

이미산 굴뚝

자경전 꽃담(매화문양)

경복궁의 상징과 문양

황인혁 저

도서출판 시간의물레

서 론

상징이란, 인간의 감각기관으로 지각할 수 없는 추상적 의미나 가치를 그와 유사성 있는 사물을 통해 구체화·형상화한 것을 말한다. 전통사회에서는 상징과 상징적 사고가 생활문화 전반에서 중요한 역할을 하였지만, 현대사회에서는 표면적으로나 제도적으로 크게 작용하지는 않는다. 이러한 현상이 곧 상징적 사고의 무용론을 의미하지는 않으며, 오히려 전통의 이해와 사고의 확장을 유연하게 하여 과거와의 소통을 원활하게 하는 동력으로 작용하고 있다.

상징의 종류는 대상을 공유하는 집단의 규모에 따라 원형적 상징·관습적 상징·개인적 상징으로 구분된다. 특히 관습적 상징은 같은 문화권 안에서 관례적으로 오랫동안 쓰여 공공성을 띠는 보편적인 상징으로서, 동서양 또는 국가 단위로 세분화 되어 지역적 특수성이 더욱 두드러진다.

◈ 상징의 종류

원형적 상징	인간의 잠재의식 속에 담겨 있는 대상에 대한 원초적인 이미지로서의 상징
관습적 상징	사회·문화·역사적 배경을 공유하고 있는 사람들이 보편적으로 갖는 의미를 활용한 상징
개인적 상징	작가의 창조적인 상상력에 의해 개성있게 표현된 상징

문양은 장식을 목적으로 사물의 표면에 나타내는 형상을 말하며, 건축·회화·조각·공예·가구·옷감 등 일상생활 전반에 걸쳐 표면장식을 위한 무늬로 활용되었다. 일반적으로 특정 의미를 지닌 문양은 점차 간략화·양식화의 과정을 거쳐 추상적 형상을 갖춘 후, 연속무늬 형태로 완성되었다.

예로부터 문양은 모든 민족과 문화권에서 사용되었으며, 그들의 발전과 상호교류에 따라 독특한 미술양식으로 발전되기도 하였다. 문양은 본래 한 민족의 미의식·생활환경·정신적 가치를 아울러 반영하는 것이기 때문에 시대와 민족에 따라 차별화된 양상을 보인다. 한국의 문양은 상고 이래 의 토착적인 요인과, 중국 및 서양문화의 영향을 감안할 수 있으나, 한국의 역사·문화·예술에 대 한 전반적인 특성을 잘 반영하고 있다.

문양은 조형방법·용도·표현기술 등 다양한 관점에서 조망할 수 있지만, 필자는 누구나 쉽게 교감 하고 이해할 수 있는 소재를 중심으로 접근해 보고자 한다.

◈ 소재에 따른 문양의 종류

자연문양	운문(雲紋), 뢰문(雷紋), 일월문(日月紋), 파상문(波相紋)
식물문양	연화문, 인동문, 당초문, 보상화문, 불로초, 매화, 모란, 국화, 대나무
동물문양	십이지신, 운학(雲鶴), 귀갑문, 박쥐, 불가사리, 해치, 귀면, 가릉빈가
기하학문양	회문(回紋), 만자문(卍字紋), 무시무종(無始無終), 태극, 팔괘

상징과 문양은 동일한 문화권에서 형성된 풍습이나 제도 속에서 보편성을 얻은 것들을 말한다. 따라서 상징과 문양에는 옛 선조들의 삶과 세계관이 중층적으로 용해되어 나타난다. 경복궁은 조 선왕조의 정궁이자 법궁으로서, 나라의 안녕을 기원하고 왕실의 위엄을 세우는 수많은 상징과 문 양을 간직하고 있다. 따라서 경복궁의 상징과 문양에 대한 접근은 우리 민족의 내면적 정체성에 대한 탐구라고 할 수 있다.

경복궁에는 전각과 연못을 비롯하여 기와·창호·담장·조각·가구 등 실용적인 부문에 이르기까지 다방면에 걸쳐 상징과 문양이 장식되어 있다. 상징과 문양에 내재된 멋과 가치를 음미하는 과정이 야말로 경복궁을 넘어 전통시대 생활문화 전반을 이해하는 과정이라고 할 수 있다. 필자는 경복 궁에 산재된 상징과 문양에 대한 이해를 돕고 깊이를 더하기 위해 다음과 같은 몇 가지 관점으로 내용을 구성하였다.

① 경복궁의 가치를 상징과 문양의 관점에서 조명하였다.

② 주입식 설명을 지양하고 시각적 감상의 개념을 도입하였다.

③ 미학적 감상을 돕기 위해 시각자료를 중심으로 구성하였다.

④ 구조적 이해를 돕기 위해 정보를 단원이나 도표로 정리하였다.

⑤ 인문적 스토리텔링을 병행하여 정보의 인과관계를 명확하게 하였다.

⑥ 상징과 문양에 속하지 않더라도 의미가 있다고 판단되면 본문에 포함시켰다.

⑦ 최근에 복원된 문화재라 하더라도 원본으로 간주하고 분석대상에 포함시켰다.

본서의 가장 큰 특징은 풍부한 시각자료의 제공이다. 본서에는 680여 점의 사진자료가 수록되어 있다. 대부분 필자가 현장을 방문하여 직접 수집한 것들이다. 불가불 필자의 접근이 불가능했던 일부 자료들은 감사한 마음으로 인용하고 출처를 밝혔다. 자료의 확보를 위해 경복궁 이외에도 전국 각지를 찾아다니느라 힘든 경우도 많았지만, 돌이켜보니 즐겁고 보람된 것들만 기억에 남는다.

일반적인 독서법은 책을 읽고 내용을 이해하는 것이다. 본서는 이러한 방법론을 탈피하여 책을 감상하고 내용을 느끼는 독서법으로 유도하기 위해, 주입식 설명을 지양하고 시각자료와 스토리텔링을 중심으로 재구성하였다. 시각자료는 정보의 직관적인 전달을 위한 것이고, 스토리텔링은 인문적 이해를 돕기 위한 것이다. 따라서 본문에 수록된 시각자료만으로도 경복궁에 대한 이해가 상당부분 가능하다. 혹은 경복궁에 직접 방문하여 책 속의 상징과 문양들을 하나씩 확인해 보는 것도 의미 있는 독서의 한 방법이 될 것이다.

본서를 통해 보다 많은 독자들이 경복궁을 쉽고 재미있게 즐길 수 있기를 바란다. 아울러 경복궁에 적용된 상징과 문양의 이해를 통해 우리 민족 내면의 가치를 새롭게 조망하는 데 일조할 수 있기를 기대한다.

2018년 2월 15일

황인혁

目次

1. 음양오행 / 17
  (1) 음양   18
  (2) 오행   24

2. 음양적 건물배치 / 27
  (1) 동십자각·서십자각   30
  (2) 일화문·월화문   31
  (3) 협생문·용성문   32
  (4) 건춘문·영추문   33
  (5) 융문루·융무루   36
  (6) 융문당·융무당   38
  (7) 만춘전·천추전   39
  (8) 연생전·경성전   40

3. 사신 / 43
  (1) 청룡   46
  (2) 백호   52
  (3) 주작   54
  (4) 현무   59

4. 천원지방 / 63

5. 팔괘 / 71

6. 십장생 / 77
  (1) 태양   80
  (2) 구름   85
  (3) 물   89
  (4) 소나무   95
  (5) 연꽃   100
  (6) 학   113
  (7) 거북   119
  (8) 사슴   123
  (9) 불로초   129
  (10) 돌   137

7. 십이지신 / 147

8. 전각의 상징 / 157
  (1) 강녕전   159
  (2) 교태전   163
  (3) 집옥재   175
  (4) 경회루   180
  (5) 자경전   194

16

9. 자경전 꽃담 / 201

 (1) 매화   204

 (2) 복숭아   210

 (3) 석류   216

 (4) 모란   220

 (5)·(6) 국화   223

 (7) 진달래   228

 (8) 대나무   232

10. 길상문양 / 237

 (1) 무시무종   239

 (2) 만자문양   243

 (3) 당초문양   247

 (4) 박쥐   253

11. 벽사상징 / 257

 (1) 해치   259

 (2) 척수   265

 (3) 잡상   271

 (4) 귀면   276

 (5) 드므   281

12. 굴뚝 / 285

 (1) 독립형 굴뚝 287

 (2) 일체형 굴뚝 289

 (3) 기단형 굴뚝 291

♣ 참고문헌 / 294

♣ 찾아보기 / 297

1. 음양오행

(1) 음양
(2) 오행

음양오행론이란, 음양과 오행을 조합하여 우주의 변화·자연의 순환·인체의 조직 등 삼라만상의 현상을 분석하고 파악하는 이론이다. 즉 음양의 변화를 통해 자연의 탄생·성장·소멸의 과정을 살피고, 오행木火土金水의 작용으로 우주 만물의 모든 현상을 해석하는 논리체계를 말한다.

(1) 음양

음양은 우주 만물을 구성하는 기운으로서 상호 대립적 성격과 순환적 성격을 동시에 갖는다. 음양에서 대립적 성격이란 상반된 두 가지 기운을 의미할 뿐 선악의 개념과는 다르다. 예를 들어 낮과 밤은 시간적으로는 상반된 개념이지만 매일 반복되는 순환의 성격을 동시에 갖는다. 일반적으로 천지나 남녀와 같이 동일한 범주 내에서 성격이 상반된 요소를 음양이라고 한다.

◆ 음양의 분류

양 陽	낮	덥다	밝다	하늘	능동적	동 動	남자
음 陰	밤	춥다	어둡다	땅	수동적	정 靜	여자

음양의 속성을 가장 잘 간직한 개념이 태극이다. 태극은 자연의 근원과 본질을 나타내는 것으로 천지 생성 이전의 궁극적 본원을 말하며, 우주 만물의 변화에 대한 원리를 담고 있다. 조선왕조는 궁궐·종묘·왕릉·향교 등에 태극문양을 장식하여 국가와 왕실의 권위와 위엄을 나타내었다.

왕릉은 진입부의 홍살문과 정자각의 계단에 태극문양을 장식하였다. 일반적으로 궁궐은 빨강과 파랑의 2태극 문양을 사용하고, 왕릉은 빨강·파랑·노랑의 3태극 문양을 사용한다. 그러나 규범화된 것은 아니어서 혼재되어 사용하기도 하고, 심지어 4태극 문양이 등장하기도 한다.

순조 인릉

인릉 홍살문 3태극

경복궁의 근정전과 정조의 건릉에는 4태극 문양이 남아 있다. 하지만 4태극 문양의 사용은 매우 드문 경우이다.

정조 건릉

건릉 소맷돌 4태극

왕이 가마에서 내리지 않고 지나갈 수 있도록 계단 중앙에 설치한 판석을 답도踏道라고 한다. 답도 표면은 왕을 상징하는 특별한 문양으로 장식한다. 조선왕조는 황제국이 아닌 제후국임을 반영하여 답도 표면에 봉황문양을 새겼다. 이후 고종이 대한제국을 선포한 뒤로는 용문양으로 대체하였다.[1] 근정전 답도에는 봉황 두 마리가 커다란 날개를 활짝 펼치고 있는데, 자세히 살펴보면 중앙에서 조그만 태극문양이 발견된다. 크기가 작아서인지 깜찍하고 예쁘게 느껴진다.

---

1) 고종은 1897년 10월 12일 원구단에서 대한제국(大韓帝國)을 선포하고, 황제 즉위식을 거행하였다. 대한제국은 1910년 8월 29일까지 존속하였다.

근정전 답도(踏道)

답도의 태극문양

근정전 월대는 상하 두 단으로 되어 있으며, 월대를 오르내리기 위한 계단이 사방으로 12군데나 된다. 12군데의 계단 중 서측 하월대 계단에만 4태극 문양이 장식되어 있고, 나머지는 모두 2태극 문양이다. 앞에서 언급한 바와 같이 이곳 근정전 기단과 정조의 건릉을 제외하고는 4태극 문양이 쉽게 발견되지 않는다.

하월대 서측 2태극

하월대 서측 4태극

상월대 북측 2태극

상월대 동측 2태극

강녕전 월대

강녕전 월대 3태극

강녕전 월대에는 전면과 좌우 세 곳에 계단이 있는데, 각 계단의 소맷돌에는 3태극이 장식되어 있다. 2태극 문양으로 장식된 근정전과 다르게, 강녕전과 건청궁은 3태극 문양이다. 이와 같이 전각에 따라 태극문양이 다르게 적용된 이유가 아직 밝혀진 것은 없다.

건청궁 정문에 있는 태극문양 역시 3태극이다. 건청궁乾淸宮 문을 들어서서 전면에 보이는 전각이 왕비의 거처인 곤녕합坤寧閤이다. 건청궁과 곤녕합의 앞 글자를 합하면 건곤乾坤[2]이 되는데, 건곤은 태극을 의미한다. 여기서 태극은 왕비를 상징한다.

건청궁(乾淸宮)

건청궁 3태극

2) 『周易』 大哉乾元 萬物資始 至哉坤元 萬物資生.
　　건(乾)은 위대하여 만물이 의뢰하여 시작하고, 곤(坤)은 크고 후덕하여 만물이 생성된다.

경복궁의 4대문에는 모두 태극문양이 있다. 그런데 이들 태극문양은 재료와 형태와 위치가 모두 다르다. 특히 광화문은 태극문양 대신 팔괘문양을 문루에 장식하였다.

◆ 4대문 태극문양의 특징 비교

광화문	남문	태극문양 대신 태극팔괘가 문루와 광화문 후면에 장식되어 있다. 문루 - 문왕팔괘 8개가 각각의 위치에 배치되어 있다. 광화문 후면 - 연꽃장식 배수구 하단에 6개의 태극팔괘 문양이 있다.
건춘문	동문	계단 상층부 소맷돌 내부에 2태극 문양이 양각되어 있다. 테두리 선은 없다.
영추문	서문	영추문 천정에 백호 두 마리를 그리고, 그 중앙을 3태극으로 장식하였다.
신무문	북문	계단 상층부 소맷돌 위에 3태극 문양이 양각되어 있다. 두툼한 테두리선이 있어 보다 안정된 조형감을 준다.

광화문 문루의 여장은 검정색 전돌로 띠처럼 둘렀다. 그리고 그 표면에 8개의 사각 틀을 만들고, 그 안에 팔괘의 구성요소를 하나씩 삽입하였다. 그런데 자세히 들여다보면 사각 틀을 9등분으로 세분한 뒤, 중앙에 소성괘小成卦를 배치하고 외곽의 8군데에는 대성괘大成卦로 배치하였음을 알 수 있다.[3] 조선왕조는 유교원리의 근간이 되는 팔괘와 64괘를 궁궐의 정문에 장식하여, 국가의 정체성과 통치이념을 대내외에 상징적으로 과시하였다.

광화문(光化門)

태극팔괘

---

3) 소성괘(小成卦) – 태극으로부터 파생된 음효(陰爻) 또는 양효(陽爻) 3개를 배열하여 구성한 것으로, 모두 8개의 조합이 생성된다. 그리고 이 8개의 조합을 팔괘(八卦)라고 한다.
　　대성괘(大成卦) – 팔괘의 요소를 상하로 배열하여 구성한 것으로, 모두 64개의 조합이 생성된다. 『주역』에서는 이 64괘를 통해 인간과 자연의 존재 양상과 변화 체계를 분석 및 해석한다.

건춘문과 신무문은 문루 위에 태극문양이 있는데, 건춘문은 2태극이고 신무문은 3태극이다. 건춘문은 소맷돌 안쪽에 굵은 음각으로 2태극 문양을 새겨 넣었다.

건춘문(建春門)

건춘문 2태극

신무문의 문루에는 3태극 문양이 가로로 긴 장대석 위에 놓여 있다. 일견 장대석 위에 원통모양의 석재를 올려놓은 것처럼 보이지만 실제로는 장대석과 태극문양이 일체이다. 장인의 재치있는 발상과 섬세한 솜씨가 놀랍다.

신무문(神武門)

신무문 3태극

영추문 천정에는 동그란 두 눈에 앙증맞은 표정이 인상적인 백호 두 마리가 묘사되어 있다. 그리고 두 마리의 백호 사이에 3태극 문양을 장식해 놓았는데, 3태극의 빨강·파랑·노랑 색상이 주위를 감싸고 있는 구름의 색상과 자연스런 조화를 이루고 있다.

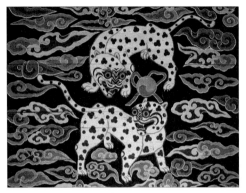

영추문(迎秋門)

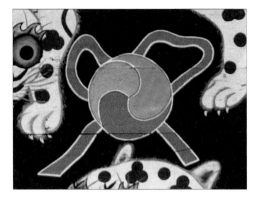

영추문 3태극

집옥재 처마의 주심도리는 단청 대신 당초문양을 선묘線描로 촘촘하게 묘사하였다. 그리고 주심도리 중앙에 2태극 문양을 삽입하였지만, 특별히 채색을 하거나 강조하지는 않았다.

집옥재(集玉齋)

집옥재 2태극

(2) 오행

우주를 구성하는 기운은 목·화·토·금·수 다섯 가지가 있으며, 이들의 작용을 통해 만물의 탄생·성장·소멸에 대한 과정과 현상을 해석하는 이론이 오행론이다. 오행론은 전국시대 말기 제나라의 추연4)에 의해 체계화 되었다. 오행의 각 요소는 방위·계절·색상·숫자·소리 등으로 세분화

되어 동양사회 전반의 사고와 문화를 이루는 근간이 되었다.

◈ 오행의 적용

목	동	봄	아침	초년	녹색	용	3 . 8	인
화	남	여름	낮	청년	빨강	주작	2 . 7	예
토	중앙	성하	오후	중년	노랑	황룡	5 . 10	신
금	서	가을	저녁	장년	흰색	범	4 . 9	의
수	북	겨울	밤	노년	검정	현무	1 . 6	지

　　오행론은 중국의 한나라를 거치면서 음양론과 결합하여 이론이 더욱 체계를 갖추고 정교해져, 음양오행론으로 재탄생하였다. 일월오봉도日月五峯圖는 음양오행의 개념을 상징화하여 묘사한 그림이다. 그림 속의 해와 달은 음양을 상징하고, 다섯 개의 봉우리는 오행을 상징한다. 이 그림을 크게 제작하여 병풍으로 만든 것이 일월오봉병日月五峯屛이다. 조선왕조는 임금이 거처하는 곳이나 사당 등에 일월오봉병을 배치하여 왕의 위엄과 권위를 나타내었다.

일월오봉도(日月五峯圖) / 출처 : 국립고궁박물관

---

4) 추연(鄒衍) 전국시대 제(齊)나라의 사상가. 맹자보다 약간 늦게 등장하여 음양오행설(陰陽五行說)을 제창하였다. 세상의 모든 사상(事象)은 목토수화금(木土水火金)의 오행상승(五行相乘) 원리에 의해 일어나는 것이라고 하였다.

창덕궁 신선원전

신선원전 일월오봉병

　동서양을 막론하고 최고 권력자가 거처하는 궁궐은 그 권위에 상응하는 상징을 부여하여 화려하게 장식한다. 그러나 조선왕조는 궁궐의 외면적 화려함보다 상징과 문양을 통해 내면적 가치를 더욱 부각시키고자 하였다. 왕실 사당인 선원전 역시 선왕의 어진과 용상 뒤에 일월오봉병을 배치하였다. 왕을 상징하는 용상 주위를 일월오봉병과 모란문양 등으로 치장하여 선왕에 대한 최고의 예를 갖춘 것이다.

2. 음양적 건물배치

(1) 동십자각·서십자각

(2) 일화문·월화문

(3) 협생문·용성문

(4) 건춘문·영추문

(5) 융문루·융무루

(6) 융문당·융무당

(7) 만춘전·천추전

(8) 연생전·경성전

조선은 공자의 가르침인 성리학을 통치이념으로 건국한 유교국가이다. 그래서 조선왕조는 정궁인 경복궁의 입지와 배치에 유교의 이념과 질서를 적극적으로 반영하였다. 유교질서는 음양오행과 태극팔괘의 이론이 핵심을 이룬다.

음양의 원리는 기본적으로 자연현상을 관찰하여 서로 대비되는 속성을 상대적 시각에서 분류한 것이다. 음양은 인간 내면의 세계관이나 관념을 탐구하는 형이상학적인 개념이지만, 현상세계와의 관계성을 파악하고 적용이 용이하도록 자연현상을 상대적 개념으로 분류하였다. 크기·방위·색깔·계절·위치 등은 자연현상을 상대적 음양개념에 의해 분류한 것들이다.

경복궁은 이와 같은 상대적 음양개념이 적극적으로 적용된 대표적인 궁궐이다. 경복궁은 정전·편전·침전 등의 주요 전각을 남북의 중심축선 상에 배치하였다. 그리고 주요 전각을 보좌하는 건물들은 남북축을 중심으로 좌우에 상대적 음양개념을 적용하여 배치하였으며, 이 개념에 상응하는 방위·색깔·계절·위치 등을 고려하여 전각의 이름을 부여하고 상징과 문양을 적용하였다.

◆ 상대적 개념의 음양

양 陽	大	長	前	左	東	南	春	秋	天	上	白	水	生	文	日
음 陰	小	短	後	右	西	北	夏	東	地	下	黑	火	成	武	月

예를 들어 근정전 출입문인 일화문과 월화문은 해와 달의 음양대비이며, 편전의 부속건물인 만춘전과 천추전은 봄과 가을에 대한 음양대비이고, 침전의 소침인 연생전과 경성전은 생성과 결실에 대한 개념을 음양대비 시킨 것이다.

◆ 경복궁 건물의 음양 배치

양 陽	동십자각 東十字閣	협생문 協生門	일화문 日華門	건춘문 建春門	융문루 隆文樓	융문당 隆文堂	만춘전 萬春殿	연생전 延生殿
음 陰	서십자각 西十字閣	용성문 用成門	월화문 月華門	영추문 迎秋門	융무루 隆武樓	융무당 隆武堂	천추전 千秋殿	경성전 慶成殿

경복궁 건물의 음양 배치 / 출처 : 다음지도

(1) 동십자각·서십자각

동십자각

동십자각

의미	동십자각과 서십자각의 東과 西는 방위에 의한 음양구분이다.
위치	동십자각은 궁궐 담장의 동남쪽 모서리, 서십자각은 서남쪽 모서리에 있다.

동십자각과 서십자각은 궁궐 전면의 좌우에서 궁궐 주위를 감시하고 국가와 왕실의 권위를 나타내기 위해 세워진 망루형 건물이다. 동십자각과 서십자각은 1867년(고종 4) 경복궁 복원 당시에 세워졌으며, 서십자각 - 광화문 - 동십자각이 담장으로 연결되어 있었다. 전면부 담장은 일제시대에 조선총독부를 건립하면서 철거되었고, 동쪽 담장은 삼청동 쪽에 위치한 일본 헌병대의 진입로 확보를 위해 경복궁 안쪽으로 이전하였다. 그래서 현재 동십자각은 담장과 분리되어 도로 한가운데 놓여있게 되었다. 그리고 서십자각은 1908년 궁궐 서측과 광화문 앞으로 전차로를 조성하면서 통행에 방해되어 철거하였다.

동십자각 / 출처 : 국립중앙박물관

동십자각 서수 / 출처 : 국립중앙박물관

(2) 일화문·월화문

근정문

일화문

의미	日華門과 月華門의 첫 글자 日(해)과 月(달)이 음양대비를 이룬다.
위치	근정문의 동쪽 문이 일화문이고, 서쪽 문이 월화문이다.

일화문과 월화문은 경복궁 창건 때, 근정전의 정문인 근정문 좌우에 만든 협문이다. 전통시대의 공공건물인 궁궐·종묘·사직·관아·향교·서원 등의 정문은 삼문三門으로 되어 있다. 왕이나 신분이 높은 사람은 가운데 문을 사용하며, 일반인은 동쪽문으로 들어가서 서쪽문으로 나온다. 그런데 근정문 좌우에는 이 삼문 이외에 일화문과 월화문이 하나씩 더 있다.

일화日華는 '햇빛이 비친다'는 의미이고, 월화月華는 '달빛이 비친다'는 의미이다. 태양과 달은 음양을 상징한다. 일화문은 문반, 월화문은 무반의 관료들이 출입했다고 하니, 음양적 발상의 산물이자 신분질서를 엄격하게 구분 짓는 장소였던 셈이다. 이와 같이 정전의 정문 좌우에 협문을 둔 궁궐은 경복궁이 유일하다. 창덕궁의 인정문·창경궁의 명정문·경희궁의 숭정문·덕수궁의 중화문은 별도의 협문을 두지 않았다. 아마도 경복궁은 조선을 대표하는 법궁이었기 때문에 좀 더 의미부여를 했던 것으로 보인다.

일화문과 월화문이 신분에 따라 사용하는 문을 달리한 반면, 향교나 서원은 출입여부에 따라 문을 다르게 사용하였다. 즉 들어갈 때는 동쪽 문을 사용하고, 나올 때는 서쪽 문을 사용했던 것이다. 계단도 마찬가지로 올라갈 때는 동쪽계단을, 내려갈 때는 서쪽계단을 이용하였다. 이러한 출입방식을 동입서출東入西出이라고 한다.

(3) 협생문·용성문

협생문(協生門)

용성문(用成門)

협생문協生門과 용성문用成門은 광화문과 흥례문 사이의 공간을 중심으로 좌우 담장에 있는 문이다. 어원적으로는 협생문과 용성문의 가운데 글자를 취하여 생성生成의 의미구조를 갖는다. 협생문과 용성문은 경복궁 중건과 함께 건축되었으며, 협생문은 세자가 사용하고 용성문은 주로 왕이 사용한 것으로 전한다. 하지만 문헌기록에 의하면 협생문과 용성문 모두 왕이 궁 밖을 출입할 때 사용한 것으로 나온다.[1] 세자는 동궁 가까이에 건춘문이 있으므로, 굳이 협생문을 사용할 필요가 없었을 것이다.

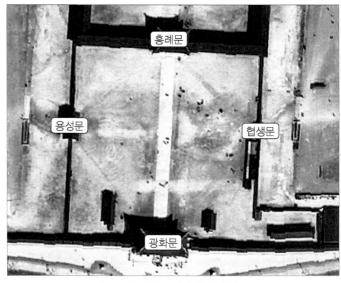

협생문과 용성문 / 출처 : 다음지도

1) 『승정원일기』에 의하면 고종은 재위 6년부터 42년까지 지속적으로 협생문과 용성문을 사용한 것으로 나온다.

(4) 건춘문·영추문

건춘문

영추문

의미	건춘문의 春과 영추문의 秋는 봄과 가을로 음양대비를 이룬다.
위치	건춘문은 경복궁 동쪽 담장에 있고, 영추문은 서쪽 담장에 있다.

건춘문과 영추문은 경복궁 좌우에 있는 출입문으로 경복궁의 조성과 함께 건립된 누각 건물이다. 두 문은 모두 임진왜란 때 소실되었다가 고종 때 중건되었으며, 문루·육축·홍예 등의 규모와 구조가 동일하다. 건춘문과 영추문의 가운데 글자를 조합하면 춘추春秋가 된다. 건춘문에는 봄春의 의미를 담고, 영추문에는 가을秋의 의미를 담아 계절에 의한 음양대비를 이루었다. 또한 풍수에서는 명당을 중심으로 좌측에 있는 산은 청룡, 우측에 있는 산은 백호라 하여 통상 좌청룡·우백호라고 한다. 경복궁에서는 이러한 풍수 이론을 출입문에 적용하여 건춘문 천정에는 청룡을 장식하고, 영추문 천정에는 백호를 장식하여 풍수적 음양대비 개념을 적용하였다.

건춘문 문루의 벽면에는 전돌에 부조로 진색가창震索駕蒼과 건원조현乾元朝玄 등 동쪽과 청룡과 만물의 탄생을 상징하는 문구들을 새겨 놓았다.

　　진색가창(震索駕蒼) - 푸른 용을 타고 동쪽 하늘에 나타난다.
　　건원조현(乾元朝玄) - 어둠이 걷히고 만물이 탄생한다.

진색가창(震索駕蒼)

건원조현(乾元朝玄)

궁궐의 동쪽 영역에는 세자가 거처하는 동궁과 왕실관련 인물들의 주거건물이 밀집해 있다. 그래서 왕실의 친인척과 내시와 상궁들은 동쪽의 건춘문을 통해 출입하였다. 반면 문무백관은 궁궐 서쪽에 있는 영추문을 통해서 출입하였는데, 이는 승정원·사헌부·사간원 등 신하들의 근무공간이 영추문과 경회루 사이에 밀집되어 있었기 때문이다.

건춘문은 대원군 중건 당시의 건물 그대로 이지만 영추문은 최근에 새롭게 복원한 것이다. 건춘문과 함께 중건된 영추문은 청일전쟁 직전 일본군에 의해 파괴되었다. 일본군이 영추문을 부수고 경복궁을 점령한 것이다.[2] 이때 집경당에 피신해 있던 고종은 무기력하게 무장해제 당하고, 일본의 요구조건을 수용하는 치욕을 당하였다.[3]

이후 영추문은 중건되었지만 일제 때 또다시 시련을 겪는다. 영추문 앞에 전차 종점이 들어선 것이다. 결국 1926년 4월 27일 영추문은 늘어난 교통난에 의한 진동을 견디지 못하고 석축이 내려앉았으며, 이후 철거되어 버린다. 현재의 영추문은 1975년 원래의 위치보다 50미터 가량 북쪽에 복원한 것이다.

---

2) 『고종실록』 1894년(고종 31) 6월 21일 병인.

3) 나카츠카 아키라, 박맹수 역, 『1894년, 경복궁을 점령하라!』, 푸른역사, 2002, pp.71~77.

영추문 / 출처 : 국립고궁박물관

좌측 담장이 붕괴된 영추문 / 출처 : 국립고궁박물관

송강 정철[4]은 큰누이가 인종의 후궁이고, 작은누이가 계림군[5]의 부인이다. 그리고 명종과는 2살 차이여서 어린시절 궁궐을 드나들며 유복하게 보냈다. 그런데 인종 사후 집안이 을사사화에 연루되면서, 형이 사망하고 아버지가 유배를 가는 등 정치적으로 힘든 시기를 보낸다.

정철 가계도

1580년 45세의 정철은 고향인 담양에서 선조로부터 강원도 관찰사를 제수받고 상경한다. 이후 근무지인 관동팔경의 절경을 두루 유람하면서 노래로 읊은 것이 관동별곡關東別曲이다. 그런데 장문의 관동별곡은 연추문延秋門[6]을 통해 관직을 받는 것으로부터 시작된다. 당시 창평昌平에 유배

---

4) 정철(鄭澈, 1536~1593) 조선중기의 문신. 가사문학의 대가로서 윤선도와 함께 한국 시가사상의 쌍벽으로 일컬어진다. 가사(歌詞)는 성종 때 발생한 문학장르로 삼사조(三四調) 또는 사사조(四四調)를 기반으로 한다. 기존의 시가와 달리 운문(韻文)이면서 산문(散文)에 가까운 문체가 특징이다. 특히 송강의 작품은 한문이 아닌 한글을 사용한 것이어서 더욱 의미가 있다.

5) 계림군(桂林君, 1502~1545) 성종의 3남 계성군의 양자이다. 명종 즉위(1545년) 후 을사사화 때 소윤일파의 '윤임이 인종 사망 당시, 계림군을 추대하려 했다'고 모함에 의해 참수되었다.

6) 정철이 말한 연추문(延秋門)은 경복궁의 서쪽 대문인 영추문(迎秋門)을 말한다.

중이던 정철은 기쁜 마음으로 영추문迎秋門을 통해 선조를 알현하고 나와 임금이 있는 경회루 쪽을 향해 하직 인사를 올리고 근무지인 원주로 떠난다는 내용이다. 정철의 벅찬 감정이 물씬 전해져 온다.

> 강호에 병이 깊어 죽림에 누웠더니,
> 관동 팔백 리의 관찰사를 맡기시니,
> 아, 성은이여 갈수록 망극하다.
> 연추문(延秋門) 들어달려 경회 남문 바라보며,
> 하직하고 물러나니 옥절이 앞에 섰다.
>
> — 정철(鄭澈), 관동별곡(關東別曲)[7]

(5) 융문루·융무루

융문루(隆文樓) 외부

융무루(隆武樓) 내부

의미	융문루는 文을 융성하게 한다는 뜻이고, 융무루는 武를 융성하게 한다는 뜻이다. 文과 武에 대한 상대적 음양개념이다.
위치	근정전 회랑의 남동쪽 누각이 융문루이고, 남서쪽 누각이 융무루이다.

---

7) 한형조, 『한국의 고전을 읽는다, 2』, 휴머니스트, 2006, p.227.

근정전의 전방과 좌우는 모두 행랑으로 이어져 있고, 뒷면에는 근정전과 사정전 영역을 구분하는 담장이 있다. 근정전 좌우 행랑의 중간에 누각이 하나씩 있는데 근정전 마당에서는 잘 식별되지 않지만, 행랑 밖으로 나가면 이층으로 된 누각건물을 확인할 수 있다.

동쪽이 융문루이고 서쪽이 융무루인데 경복궁 창건 때 건축된 누각건물이다. 경복궁의 기획자인 정도전의 설명에 의하면 융문루와 융무루가 근정전에 반드시 필요한 건물이라기보다 국가의 정당성과 권위를 확보하기 위한 보조장치로서 음양대비의 개념을 활용하였음을 알 수 있다.

> "융문루(隆文樓)·융무루(隆武樓)에 대해서 말하오면, 문(文)으로써 다스림을 이루고 무(武)로써 난(亂)을 안정시킴이오니, 마치 사람의 두 팔이 있는 것과 같아서 하나라도 폐할 수 없는 것입니다. 대개 예악과 문물이 빛나서 볼 만하고, 군병과 무비가 정연하게 갖추어지며, 사람을 쓴 데에 이르러서는 문장 도덕의 선비와 과감 용맹한 무부(武夫)들이 경외(京外)에 퍼져 있게 한다면, 이는 모두가 문(文)을 높이고 무(武)를 높이게 한 것이며, 거의 전하께서 문무를 함께 써서 오래도록 다스림을 이룰 것입니다."[8]

성종 때는 궁궐에서 서적을 발간하면,[9] 융문루·융무루와 함께 의정부·홍문관·성균관·춘추관에 각각 한 벌씩 보관하였다.[10] 단지 서책을 보관하는 것이 목적이라면, 규장각이나 장서각과 같은 별도의 건물들이 있는데, 왜 근정전 좌우의 행랑에 딸려있는 소규모 건물에 분리해서 보관하였는지는 알 수 없다. 건물의 규모가 너무 협소할 뿐만 아니라 접근성도 취약하기 때문이다. 이마저 연산군은 융문루에 간직한 서책을 모두 융무루에 옮기라고 명한다. 이후 두 건물에 대한 기록은 전하지 않는다.

---

8) 『태조실록』 1395년(태조 4) 10월 7일 정유.

9) 『성종실록』 1483년(성종 14) 12월 23일 임오.

10) 『신증동국여지승람 제2권』 「비고편」.

(6) 융문당·융무당

융문당(隆文堂) / 출처 : 조선고적도보

융무당(隆武堂) / 출처 : 조선고적도보

의미	융문당은 文을 융성하게 한다는 뜻이고, 융무당은 武를 융성하게 한다는 뜻이다. 文과 武를 상대적 개념, 즉 음양의 대비개념으로 보았다. 융문루와 융무루가 음양을 좌우개념으로 적용한 반면, 융문당과 융무당은 음양을 상하개념으로 적용하였다. 따라서 융문당이 북쪽에서 남향하고 있고, 융무당은 남동쪽에서 서향을 하고 있다.
위치	경복궁 후원의 북쪽에 있는 건물이 융문당이고, 동남쪽에 있는 건물이 융무당이다.

근정전 좌우 행랑에 융문루와 융무루가 있다면, 경복궁 후원에는 융문당과 융무당이 있었다. 경복궁 후원이란 지금의 청와대 경내를 말한다. 융문루와 융무루는 경복궁 창건 때 건축된 반면, 융문당과 융무당은 1865년 경복궁 중건 때 다른 전각들과 함께 세워진 건물이다. 융문당은 고종이 신하들과 경연을 하고 문과시험을 치르던 곳이었고, 융무당은 무과시험을 치르거나 군사들의 훈련을 참관하는 곳으로 사용되었다. 그리고 왕과 세자가 이곳에서 망배례[11] 의식을 거행하기도 했다.[12]

---

11) 망배례(望拜禮) – 명나라 황제의 위패를 모셔놓고 왕이 친히 나아가 예(禮)를 올리는 의식. 주로 명나라 태조·신종·의종의 기신일(忌辰日)에 거행하였다. 특히 영조와 정조 때 집중되었으며, 순조·헌종·철종·고종 때까지 이어졌다. 주로 북원·숭정전·춘당대에서 거행하였으나, 고종 때에는 융문당과 융무당이 있는 경무대에서 거행하기도 했다.

12) 『고종실록』 1869년(고종 6) 5월 10일 신사. 詣景武臺 行北苑望拜禮 設參班儒生應製.

이 두 건물은 1926년 조선총독부에 의해 일본 사찰인 융흥사隆興寺에 무상 증여되었다가 다시 용광사龍光寺 건물로 탈바꿈하였다. 광복 후에는 원불교 교단으로 소유권이 이전되었다가, 2006년 에는 전라남도 영광에 있는 원불교 성지의 종교시설로 용도가 바뀌어버렸다.

(7) 만춘전·천추전

만춘전

천추전

의미	만춘전(萬春殿)과 천추전(千秋殿)의 萬과 千은 숫자에 의한 음양대비이고, 春과 秋는 계절에 의한 음양대비이다.
위치	사정전의 동쪽 건물은 만춘전이고, 서쪽 건물은 천추전이다.

사정전은 왕과 신하의 집무공간이고, 사정전의 좌우에 있는 만춘전과 천추전은 사정전의 보조 건물이다. 만춘전과 천추전은 경복궁 창건 당시에는 건축되지 않았으며, 세종 연간에 만들어져 편 전인 사정전을 보좌하였다. 창건 당시에는 좌우 행각 외부에 딸려 있었는데, 고종 때 중건하면서 현재와 같이 행랑 안쪽 사정전 좌우에 독립된 건물로 배치되었다. 사정전은 왕과 신하가 함께 정 사를 논할 때만 사용하였으므로 마루를 깔았으며, 만춘전과 천추전은 신하들이 상시로 이용하는

『고종실록』 1870년(고종 7) 7월 21일 을유. 詣景武臺 行北苑望拜禮 仍行參班儒生應製.

공간이었으므로 온돌시설을 갖추었다.

만춘전과 천추전은 세종 때 창건되었다가 임진왜란 때 소실되었고, 이후 고종 때 중건되었다. 만춘전은 한국전쟁 때 파괴되었다가 1988년 복원되었지만, 천추전은 다행히 위기를 넘기고 옛모습을 간직한 채 남아있다. 특히 세종 때는 복합 천문시계인 일성정시의日星定時儀를 만춘전에 설치하였고,13) 조선의 5대 임금인 문종이 천추전에서 승하14)한 것으로 보아 이곳 사정전 일곽은 왕의 일상과 밀접한 관련이 있는 공간이었음을 알 수 있다.

(8) 연생전·경성전

연생전(延生殿)　　　　　　　　　　　경성전(慶成殿)

의미	연생전 - 만물의 탄생, 유교의 인(仁), 봄(春) 경성전 - 만물의 결실, 유교의 의(義), 가을(秋) 정도전은 음양대비의 성격이 있는 인의(仁義)·춘추(春秋)와 같은 맥락에서 생성(生成)의 의미를 취했다고 언급하였다.
위치	연생전 - 강녕전의 남동쪽 경성전 - 강녕전의 남서쪽

---

13) 『세종실록』 1437년(세종 19) 4월 15일 갑술, 만춘전과 천추전에 대한 설명이 처음 등장한다. 그러므로 전각의 창건과 건물명은 그 이전에 결정된 것으로 보인다.

14) 『단종실록』 「단종실록 총서」 三年壬申五月丙午 文宗薨于景福宮 千秋殿

연생전과 경성전은 경복궁 창건 당시 임금의 침전인 강녕전의 부속건물로 강녕전 전방 좌우에 대칭으로 지어졌다. 정도전은 두 전각에 상대적 음양개념을 적용하였다.

"연생전(延生殿)과 경성전(慶成殿)에 대하여 말씀드리면, 하늘과 땅은 만물(萬物)을 봄에 낳게 하여 가을에 결실하게 합니다. 성인이 만백성에게 인(仁)으로써 살리고 의(義)로써 만드시니, 성인은 하늘을 대신해서 만물을 다스리므로 그 정령(政令)을 시행하는 것이 한결같이 천지의 운행(運行)을 근본하므로, 동쪽의 소침(小寢)을 연생전(延生殿)이라 하고 서쪽 소침을 경성전(慶成殿)이라 하여, 전하께서 천지의 생성(生成)하는 것을 본받아서 그 정령을 밝히게 한 것입니다.15)"

1444년(세종 26)에는 세종의 후궁 사기차씨司記車氏가 연생전에서 벼락에 맞아 죽는16) 참변이 발생했다. 후궁이 연생전에 있었던 것으로 보아, 조선전기에 연생전과 경성전은 왕의 침전이었음을 알 수 있다.

그러나 고종 때 연생전과 경성전이 중건 된 이후에는 고종의 친정親政17) 이전까지 신하들과 학문을 연마하는 장소로 활용되었다. 고종이 어린 시절 정상적인 세자수업을 받지 못했기 때문에 친정을 할 때까지는 교육문제에 치중하였던 것이다. 그리고 고종의 친정 이후에는 이곳을 신하들과 정사를 나누고, 외국 공사를 접견18)하는 등 다양한 정치적 용도로 활용하였다.

◆ 고종이 연생전에서 학문한 기간 『승정원일기』

	시작일	종료일	기간
고종 5	1868년 8월 15일	1868년 9월 6일	22일간

---

15) 『태조실록』 1395년(태조 4) 10월 7일 정유.

16) 『세종실록』 1444년(세종 26) 7월 10일 정사.

17) 흥선대원군은 1873년 12월 13일과 11월 3일 두 차례에 걸친 동부승지 최익현의 상소에 의해 하야하였으며, 이를 계기로 22세의 장성한 고종이 친정을 시작하였다.

18) 『고종실록』 1892년(고종 29) 9월 25일 경술.

◈ 고종이 경성전에서 학문한 기간 『승정원일기』

	시작일	종료일	기간
고종 6	1869년 1월 22일	1869년 3월 9일	41일간
	1869년 3월 28일	1869년 4월 3일	6일간
고종 7	1870년 2월 29일	1870년 3월 8일	10일간
	1870년 3월 18일	1870년 4월 4일	16일간
	1870년 4월 12일	1870년 4월 25일	14일간
	1870년 4월 29일	1870년 5월 12일	14일간
고종 8	1871년 2월 12일	1871년 2월 16일	5일간
	1871년 2월 25일	1871년 3월 7일	13일간
	1871년 4월 17일	1871년 4월 29일	13일간
	1871년 5월 7일	1871년 5월 23일	17일간

3. 사신

(1) 청룡
(2) 백호
(3) 주작
(4) 현무

사신이란 네 방위를 관장하는 신령스런 동물로, 동쪽은 청룡, 서쪽은 백호, 남쪽은 주작, 북쪽은 현무로 상징된다. 사신사상은 전국시대 말에 천문사상과 오행사상의 결합에 의해 체계화되었다. 이는 명당을 중심으로 네 방위에 사신四神을 갖추고 있으면 그 내부영역을 편안하고 안정되게 보호할 수 있다는 풍수개념이다. 특히 사신사상은 위진남북조시대에 크게 유행하였으며, 풍수뿐만 아니라 회화와 공예 디자인 분야의 개념적 근간을 이루었다. 우리나라에는 삼국시대 때 중국으로부터 전래되어, 주택이나 무덤을 지키는 수호신으로 보편화되었다. 사신은 적용하는 용도와 관점에 따라 사신도·사신수·사신사 등으로 부르기도 한다.

◈ 사신이 적용된 용어

사신도(四神圖)	청룡·백호·주작·현무를 그린 그림
사신수(四神獸)	청룡·백호·주작·현무를 이르는 말
사신사(四神砂)	명당을 수호하기 위해 네 방위에 위치하는 산

경복궁에는 사신수가 근정전과 4대문에 이중으로 배치되어 있다. 근정전은 상월대의 동서남북 네 방향에 화강석을 다듬어 만든 사신수 조각상을 배치하였으며, 다른 곳에는 12지신과 해치 등을 동일한 크기로 배치하였다. 이와 같이 근정전은 사신수와 12지신뿐만 아니라 해치와 서수瑞獸 등 다양한 영물靈物들이 연합하여 궁궐을 수호하고 있는 것이다.

상월대 동쪽

청룡

상월대 서쪽

백호

상월대 남쪽

주작

상월대 북쪽

현무

경복궁 4대문(광화문·건춘문·영추문·신무문)은 홍예[1]의 천정에 해당 방위를 수호하는 상징과 색상을 적용하여 사신수를 그림으로 표현해 놓았다. 동쪽의 건춘문에 있는 용은 오행의 녹색이 적용되어 청룡이 되었고, 영추문의 호랑이는 흰색과 결합하여 백호가 되었으며, 광화문의 봉황은 빨강과 결합하여 주작이 되었고, 북쪽의 거북은 검정과 결합하여 현무가 되었다.

◆ 오행의 적용

건춘문(建春門)	목	동	녹색	청룡
영추문(迎秋門)	금	서	흰색	백호
광화문(光化門)	화	남	빨강	주작
신무문(神武門)	수	북	검정	현무

(1) 청룡

건춘문(建春門)

청룡과 황룡

경복궁의 동문인 건춘문 천정에는 청룡과 황룡이 구름 속에 뒤엉켜 포효하고 있는 그림이 있다. 용은 낙타의 머리·사슴의 뿔·토끼의 눈·소의 귀·뱀의 목·조개의 배·잉어의 비늘·호랑이의 발·매의 발톱이 합성된 형태를 갖춘 상상 속의 동물이다. 용이 승천할 때는 거센 비바람을 수반하

---

1) 홍예(虹霓) - 구조물의 윗부분을 무지개 모양으로 둥글게 만든 문.

며, 승천은 곧 신과의 소통을 의미한다고 생각하였다. 사람들은 이러한 용을 만물을 주제하는 으뜸이라고 인식하였다. 중국의 문헌 『회남자』는 '천신 중에서 청룡이 가장 존귀하다'[2]고 기록하여 용에 대한 당시인의 인식을 반영하고 있다.

건춘문의 문루에도 용이 장식되어 있다. 문루의 상단에 장식된 용은 점토를 용문양으로 디자인하여 구워 만든 전돌이다. 이와 같이 건춘문은 1층 천정과 2층 측면에 용을 중첩적으로 배치하여 사신사와 방위의 개념을 더욱 강조하였다.

건춘문 문루 출입문

건춘문 용장식

우리 조상들도 용에 대한 애착은 남달랐다. 신사임당은 검은 용이 바다에서 집안으로 날아오는 꿈을 꾸고 낳았다고 하여, 율곡의 아명兒名을 현룡見龍이라고 하였다. 이이는 나중에 개명한 이름이다. 그리고 율곡이 태어난 방은 '꿈속의 용이 태어난 방'이란 뜻의 몽룡실이다.

강릉 오죽헌

몽룡실(夢龍室)

---

2) 『淮南子』「天文訓」 天神之貴者 莫貴於靑龍.

홍봉한[3]은 용꿈을 꾸고 사도세자의 부인 혜경궁을 나았으며,[4] 사도세자 역시 용꿈을 꾸고 정조를 낳았다. 사도세자는 이를 기념하기 위해 정조가 태어난 경춘전 벽면에 흑룡을 그렸다고 한다.[5] 모두가 용에 대한 상서로운 관념에서 비롯된 것임은 물론이다.

정조는 사도세자의 묘역을 한양의 배봉산에서 화성의 현륭원으로 옮기고, 현륭원을 돌보며 말년을 보내기 위해 행궁과 화성을 축조하였다. 화성의 북쪽 언덕에는 전투와 휴식이 모두 가능한 방화수류정을 만들었으며, 정자 아래에는 용연龍淵을 조성하고 용두龍頭 모양의 배수구를 설치하였다. 온통 '용의 세계'를 구현해 놓은 것이다. 정조는 왕이 되지 못하고 세상을 떠난 사도세자의 영혼을 위로하고 명예를 회복해 드리는 방편으로 용의 상징을 활용했던 것이다.

화성 용연(龍淵)   용두(龍頭) 배수구

용은 천자天子를 상징하므로 왕이 출현할 때면, 민중들이 알 수 있도록 용이 먼저 나타나 상서로운 징후를 보여준다고 한다. 그래서 건축·의복·장식 등이 왕과 관련된 경우에는, 용 문양을 장식하였다.

---

3) 홍봉한(洪鳳漢, 713~1778) 영조·정조 때의 대신. 혜경궁 홍씨의 부친이자 사도세자의 장인이다.

4) 혜경궁, 이선형 역, 『한중록』, 서해문집, 2003, p.23. "지난밤 아버지께서 꿈을 꾸셨는데, 黑龍이 어머니께서 거처하시는 방 반자에 서린 것을 보시고 나를 낳았다."

5) 한영우, 『창덕궁과 창경궁』, 열화당, 2003, p.188.
   "정조를 낳을 때 세자는 黑龍이 내려오는 꿈을 꾸었는데, 이를 기념하여 昌慶宮 景春殿 벽에 꿈에 본 흑룡을 그렸다. 그래서 정조는 자신이 태어난 경춘전에 애착이 컸다."

◈ 용과 관련된 용어

용안	임금의 얼굴
곤룡포	임금의 겉옷
용상	임금의 의자
용마루	지붕의 가장 상부 능선
용두	용마루·내림마루·추녀마루 끝단 위에 올려 놓는 용머리 모양의 기와
기와	수막새와 암막새 끝을 용문양으로 양각

근정전 내부 정면에는 임금이 신하들과 접견하는 용상을 붉은색 단 위에 놓고, 천정에는 용 두 마리를 배치하여 왕의 위엄과 권위를 상징적으로 보여준다.

근정전

근정전 용상

기와지붕의 끝부분을 장식하는 부재를 암막새와 수막새라고 하는데, 왕과 왕비가 있는 곳은 대부분 용과 봉황으로 장식한다.

강녕전 측면

강녕전 암막새

　팔작지붕에서 지붕의 면이 끝나는 부분은 위치에 따라 용마루·내림마루·추녀마루로 분류한다. 궁궐의 전각은 대부분 지붕 내림마루의 양 끝단에 용두龍頭를 장식하여 건물의 위엄과 품위를 중대시켰다. 그리고 외부의 나쁜 기운을 막아주는 벽사의 의미도 포함되어 있다.

태원전 지붕

건순각 지붕

　용은 왕을 상징하므로 왕이 있는 곳은 어디든 용을 장식하여 왕의 존재를 부각시켰다. 그런데 근정전은 건물의 규모가 커서 천정에 커다란 용을 배치할 수 있지만, 사정전은 건물이 작아 천정에 용을 배치할 공간이 없다. 그래서 사정전은 용을 그림으로 그려 왕이 위치하는 용상 위에 걸게 그림으로 부착해 놓았다.

사정전 내부

사정전 용그림

　경복궁에는 왕이 가마에서 내리지 않고 지나가는 답도踏道가 홍례문·근정문·근정전·집옥재 등 4곳에 있다. 이 중에 집옥재의 답도만 용문양이고, 나머지 3곳은 봉황문양이다.

집옥재 답도

용문양 상세

　우리나라에서 공식적으로 답도에 용문양을 장식한 시기는 고종이 대한제국을 선포한 이후이다. 그래서 현재 용문양이 남아 있는 곳은 황궁우와 덕수궁뿐이다. 답도의 용문양은 황궁우의 것이 보다 섬세하고 예술성이 뛰어나다.

황궁우 답도

용문양 상세

　황궁우와 덕수궁의 답도는 용문양을 장식하여 위계는 높였지만, 수직면에 당초문양을 하지 않아 기존의 답도에 비해 위엄과 품위는 미치지 못한다.

덕수궁 답도

용문양 상세

(2) 백호

영추문(迎秋門)

영추문 백호

중국의 문헌에 의하면 흰색과 백호는 서쪽을 상징한다.[6] 그리고 『태종실록』에는 지의정부사知議政府事 이지李支가 '옛날 중국에서는 백호를 귀하게 여겼다'고 설명하는 대목이 나온다.

"주왕(周王)이 사냥하다가 신기한 짐승과 아울러 그 새끼를 사로잡았습니다. 백호(白虎)는 검은 무늬였는데, 쇠사슬로 묶어 철롱(鐵籠)에 넣어 황제에게 바쳤습니다. 황제가 교외(郊外)까지 마중하였는데, 백관이 추우(騶虞)라고 하여 진하(進賀)하였습니다. 그러나 그 짐승은 날고기를 먹었습니다."[7]

창덕궁은 돈화문 서쪽의 출입문과 승정원 서쪽의 행랑문이 금호문이다. 金은 오행상 서쪽이자 흰색을 나타내므로, 금호문은 백호, 즉 흰색 호랑이를 의미한다.

---

6) 『색은(索隱)』 西宮白帝其精白虎. 서궁은 백색으로 나타내었고, 백호로 상징된다.
　　『회남자(淮南子)』 西方金也 其獸白虎. 서방의 오행은 금이고, 백호를 상징한다.

7) 『태종실록』 1404년 11월 1일, 周王田獵 獲異獸幷其雛 白虎黑文. 繫以鐵索 納于鐵籠 獻于帝 帝郊迎之. 百官進賀 以爲騶虞 然其獸食生肉.

창덕궁 금호문

금호문(金虎門)

　풍수경전은 백호의 조건으로 "순하고 원만하게 명당을 감싸주어야 한다."[8]고 설명하고 있는데, 그래서인지 근정전 상월대에 있는 백호 조각상은 순진한 인상에 웃음을 머금고 있는 모습이 친숙한 애완동물 같은 느낌을 준다.

근정전 백호

근정전 백호

---

8) 『금낭경』 「사세편」 白虎馴頼.

(3) 주작

광화문

주작

　천문에서는 남쪽에 떠있는 별자리를 주작이라고 하는데, 붉은 봉황새를 닮았다고 하여 주오朱鳥 또는 적오赤鳥라고도 부른다. 한나라 『후한서』는 '봉황은 신령스러운 새'[9]라고 하였으며, 송나라 『비아埤雅』는 '천문가는 남방 주오朱鳥의 형상을 봉황에서 취한다.'고 하였다. 그리고 『산해경』은 봉황의 형상에 대해서 '기린의 앞모습·사슴의 뒷모습·뱀의 머리·물고기의 꼬리·용의 무늬, 거북의 등, 제비의 턱, 닭의 부리'[10] 모양이라고 하여 봉황의 유래를 뒷받침하고 있다.

강서대묘 주작[11]

강서대묘 주작

9) 『후한서』 「풍연전(馮衍傳)」 章懷太子注, 神雀謂鳳也.

10) 『산해경(山海經)』 「남산경(南山經)」 鳳凰條, "鳳之象也 麐前鹿後 蛇頸魚尾 龍文龜背 燕頷鷄喙 五色備擧."

한국·중국·일본에서는 궁궐 남쪽에 있는 큰 도로를 주작대로라고 불렀으며, 발해도 수도인 상경용천부 남쪽에 있는 도로를 주작대로라고 하였다. 풍수에서는 명당 앞에 있는 안산을 주작이라고 하는데, 주작대로의 명칭과 방향은 풍수의 영향이라고 할 수 있다. 풍수경전에서 주작의 형상은 '봉황이 날아올라 춤을 추는 모습'[12]을 하고 있어야 길하다고 한다.

영추문 문루의 출입문 상단에는 봉황이 장식되어 있다. 동문인 건춘문의 출입문에 용이 장식되어 있는 것으로 보아 영추문은 서문이므로 호랑이 장식이 마땅하다고 생각되는데, 봉황이 장식되어 있는 건 좀 생소하다. 아마도 1975년 영추문 중건 과정에서의 오류라고 생각된다. 현재의 출입문은 자경전의 샛문과 규모와 양식이 거의 동일하다.

영추문(迎秋門)

영추문 봉황문양

자경전 샛문의 좌우에도 봉황장식이 있는데, 자경전의 봉황은 대비의 위엄과 권위를 나타낸다.

자경전 샛문

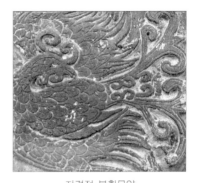

자경전 봉황문양

---

11) 김리나, 『고구려고분벽화』, 문화재청, 2005, pp.64~65.

12) 『금낭경』 「사세편」 朱雀翔舞.

교태전의 굴뚝 상단에도 봉황장식이 있다. 즉 자경전과 교태전의 봉황은 남쪽을 상징하는 방위의 개념이 아니라, 대비와 왕비의 위엄과 권위를 상징하고 있는 것이다.

교태전 굴뚝

교태전 봉황문양

집옥재 현관 좌우에는 나무를 조각하여 날고 있는 봉황을 장식하여 놓았다. 봉황은 채색으로 처리하여 마치 회화 작품처럼 보인다.

집옥재 현관

집옥재 봉황장식

집옥재 천정은 대들보를 기점으로 삼등분하였으며, 각 영역의 중앙에 팔각형으로 홈을 파고 그 안은 용과 봉황그림으로 장식하였다. 중앙에 용 두 마리를 배치하고 좌우에는 봉황을 장식하였다.

집옥재 천정

집옥재 봉황장식

고종 때 편찬된 『동국여지비고東國輿地備攷』의 기록에 의하면 경복궁의 불운정拂雲亭 남쪽에 단봉문이 있었던 것으로 전하며, 창덕궁의 돈화문 동쪽에도 왕족과 상궁들이 드나들었던 단봉문이 있다. 단봉문은 당나라 장안성의 대명궁大明宮 남문에서 따온 이름으로, 단봉丹鳳은 '붉은 봉황' 즉 주작朱雀을 의미한다. 이와 같이 도성이나 궁궐의 남문에는 주작문·단봉문 등 주로 '붉은 봉황'과 관련된 이름이 통용되었다.

창덕궁 단봉문

단봉문(丹鳳門)

한양의 4대문은 흥인문·돈의문·숭례문·숙정문이고, 4소문은 혜화문·소의문·광희문·창의문이다. 창의문은 한양의 북소문으로서 경복궁의 북서쪽 능선에 위치하므로, 풍수적 해석을 한다면 현무와 관련된 의미를 부여해야 마땅하다. 그런데 창의문 홍예의 석축 상단에는 봉황이 부조浮彫로 장식되어 있고, 천정에도 봉황 두 마리가 마주보며 날고 있다. 여기에는 옛사람들의 풍수와 관련된 재미있는 정서가 깃들어 있다.

창의문 봉황 부조

창의문 봉황 그림

창의문에서 건너편을 바라보면 보현봉에서 서쪽으로 길게 뻗어 있는 산능선이 보인다. 이와 같이 특정 지역을 중심으로 횡으로 길게 이어지는 산줄기를 풍수에서는 지네의 모양을 닮았다고 하여 흉하게 여긴다. 한양에서는 지네의 흉한 기운이 창의문을 통해 도성과 궁궐에 유입된다고 여겨, 창의문에 지네의 천적인 닭을 대신하여 봉황을 배치한 것이다. 이와 같이 지리적으로 취약하다고 판단되는 부분을 풍수적인 방법으로 보완하는 것을 풍수에서는 비보裨補라고 한다.

창의문(彰義門)

건너편 지네능선

실제로 창의문은 1396년(태조 5) 9월 다른 성문과 함께 완공되었지만, 태종 때 풍수학자 최양선이 창의문을 열어 놓으면 궁궐과 왕조에 흉한 일이 생긴다며 닫아 놓기를 건의하였다.[13] 태종은 이 제안을 받아들여 창의문을 폐쇄하고, 창의문이 있는 장의동 일대에 소나무를 심으라고 명하였다. 이후 창의문은 평상시에는 일반인의 통행을 금지하였다가, 전염병·가뭄·홍수 등과 같이 나라에 흉한 일이 발생하였을 때 일시적으로 개방하곤 하였다.

(4) 현무

신무문 현무

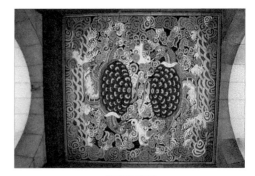

신무문 현무

현무는 북쪽 하늘의 칠성七星, 즉 두우여허위실벽斗牛女虛危室壁에 대한 총칭으로서 수기水氣를 관장하는 태음신을 상징한다. 특히 현무 숭배 신앙은 도교의 『진무경眞武經』을 통해 구체화되었고, 진무현천상제眞武玄天上帝란 이름으로 도교에서 가장 강력한 신 중 하나가 되었다. 풍수에서는 사신사 중 명당 뒤쪽에 있는 주산을 현무라고 하며, 머리를 숙이듯 단정하게 생긴 모양을 길하게 여긴다.[14]

『초사』는 현무의 모양과 의미에 대해서 '현무는 거북과 뱀이 모인 것을 일컫는다. 북쪽에 있으

---

13) 『태종실록』 1413년(태종 13) 6월 19일 병인.

14) 『금낭경』 「사세편」 玄武垂頭.

므로 현玄이라 하고, 몸에 비늘과 껍질이 있으므로 무武라 한다.'[15]고 하였다. 그래서 옛그림에 등장하는 현무의 모습은 대부분 뱀과 거북이 결합된 형상으로 등장한다.

통구 사신총 현무[16]

경복궁의 북문은 신무문이다. 처음 경복궁 창건 당시 북쪽에는 담장과 문이 없이 목책으로 대신 하였다가 세종 때 북문이 건립되어 경복궁의 4대문이 모두 갖추어졌다. 신무문神武門은 성종 때 문신 서거정이 지은 이름이다.[17] 중국 자금성의 북문 이름도 신무문이다. 자금성 북문은 1420년 축조되었으므로, 55년이 지난 후 서거정이 경복궁 북문의 이름을 지을 때 이를 참고한 것이다. 이와 같이 궁궐의 명칭을 비롯하여 임금의 시호·묘호·능호 등에서 중국의 것을 그대로 인용한 예를 많이 볼 수 있는데, 이에 대한 별도의 금기사항은 없었던 것으로 보인다.

---

15) 『초사(楚辭)』 「원유(遠遊)」 洪興祖補注, "玄武 謂龜蛇. 位在北方 故曰玄. 身有鱗甲 故曰武".

16) 김리나, 『고구려고분벽화』, 문화재청, 2005, p.88.

17) 『성종실록』 1475년(성종 6) 8월 23일 기해, 北城門曰神武.

경복궁 신무문

자금성 신무문

경복궁 북쪽에는 신무문 외에도 샛문인 광무문廣武門과 계무문癸武門이 있다. 이들 모두 북쪽을 의미하는 현무를 염두에 두고 작명한 것들인데, 크기와 모양도 동일하다. 그리고 광무문 앞에는 무령문武寧門이, 계무문 앞에는 무청문武淸門이 있었다고 전하지만, 현전하지는 않는다.

경복궁 계무문

계무문(癸武門)

경복궁 광무문 / 출처 : 문화재청

광무문(廣武門) / 출처 : 광무문 공사 안내판

홍복전 뒤에 있는 집경당과 함화당은 규모와 구조가 비슷한 쌍둥이 전각이며, 행랑으로 연결되어 있다. 함화당에서 후원으로 통하는 북문이 창무문彰武門인데, 이 역시 현무와 동일한 방위적 개념에 의해 붙여진 이름이다.

함화당 후원

함화당 창무문(彰武門)

이외에도 武에는 '굳셈·강인함·무기·군사' 등의 의미가 있다. 무예를 익혀 그 방면에 종사하는 사람을 무인武人 또는 무사武士라 하고, 이들이 전쟁이나 싸움에 사용하는 도구가 무기武器이다. 이승만 대통령은 1952년 1월 6일 군사교육과 전략 연구를 위한 시설을 조성하고, '무용을 숭상하는 배움의 터전'이라는 뜻으로 상무대尙武臺란 이름을 붙였다.

1983년 북한의 미얀마 아웅산 테러 사건을 계기로 북한을 견제하기 위해 개발한 탄도미사일이 현무玄武이며, 우리나라를 대표하는 다연장 로켓포의 이름이 천무天武이다. 이와 같이 '武'는 거북이라는 의미와 함께 '군사 또는 무기'를 상징하기도 한다.

천원지방天圓地方 사상은 중국을 중심으로 형성된 천지관天地觀의 일종으로, '하늘은 둥글고 땅은 네모남'을 이르는 말이다. 천원지방에 대한 담론은 중국의 전국시대에서 진나라·한나라를 거치면서 하나의 세계관으로 정착되었지만, 물리적 실체로 인정하는 데는 그 당시에도 의혹과 거부감이 여전하였다. 그러나 오랜 세월을 거치면서 이러한 모순을 음양적 인식의 틀로 재구성하여 형이상학적 개념으로 받아들이게 되었다.

◈ 천원지방(天圓地方)에 대한 문헌과 내용

여씨춘추 呂氏春秋 (秦나라)	天道圓 地道方 聖王法之 所以立上下. 何以說天道之圓也? 精氣一上一下 圓周復雜 無所稽留 故曰天道圓. 何以說地道之方也? 萬物殊類殊形 皆有分職 不能相爲 故曰地道方. 하늘의 원리는 둥글고, 땅의 원리는 모나다. 성왕이 이를 본받아 위아래의 구별을 정하였다. 하늘의 원리는 어찌하여 둥글다고 하는가? 하늘의 기운이 위아래로 돌고 돌아 서로 섞이며 머무는 것이 없으므로 "하늘의 원리는 둥글다"고 한다. 땅의 원리는 어찌하여 모나다고 하는가? 만물은 종류와 모양이 다르지만 각각 그 역할을 가지고 있어 다른 것에 대하여 간여할 수 없다. 그러므로 "땅의 도는 모나다"고 한다.
대대예기 大戴禮記 (前漢)	單居離問於曾子曰 天圓而地方者 誠有之乎. 단거리가 증자에게 묻기를 "하늘은 둥글고 땅은 네모지다고 하는데, 진실로 그러합니까?" 하니 曾子曰 如誠天圓而地方 則是四角之不揜也. 증자가 "만일 하늘이 둥글고 땅이 네모나면, 네 귀퉁이는 가리지 못할 것이다"라고 하였다.
주비산경 周髀算經 (後漢)	方屬地 圓屬天 天圓地方. 각진 것은 땅에 속하고, 둥근 것은 하늘에 속한다. 따라서 하늘은 둥글고, 땅은 네모나다.

천원지방 사상은 현상세계에서의 모순여부와 상관없이, 음양오행적 가치부여를 통해 전통사회의 생활문화 전반으로 수용되었다. 즉

· 하늘은 둥글고, 땅은 사각형이다.

라고 하는 형이하학적 시각에서,

- 하늘은 양(陽)의 정신으로 생성과 변화를 주관하고 형태상 원형(圓形)이며,
- 땅은 음(陰)의 정신으로 포용과 결실을 주관하고 형태상 사각형(四角形)이다.

라는 형이상학적 인식으로 발전하였던 것이다.

이러한 천원지방 개념의 수용은 우리의 생활문화 전반에 걸쳐 확인할 수 있다. 지도·건축·제사·연못·복식·우물·기둥·초석뿐만 아니라, 밥상이나 베갯모 등의 생활용품에까지 두루두루 적용되었다.

◆ 천원지방(天圓地方)의 적용

	天(원형)	地(사각형)
제사	하늘에 제사 지내는 천단(天壇, 원구단)	땅에 제사 지내는 지단(地壇, 사직단)
연못	연못의 테두리	연못 안의 섬
복식	보(補) - 왕과 왕비 복식의 가슴과 등에 부착하는 원형 장식	흉배(胸背) - 신하들 관복의 가슴에 부착하는 사각형 장식
밥상	왕의 밥상은 원형	신하의 밥상은 사각형
우물	궁중의 우물은 모두 원형	사대부의 우물은 井자형이 일반적
기둥	궁궐·관청·향교 등 격이 높은 건물	민가 또는 상대적으로 격이 낮은 건물
초석	초석의 상부는 원형	초석의 하부는 사각형

흉배胸背는 관직의 상하 구분을 위해 관복의 가슴과 등에 부착하는 헝겊장식을 말한다. 특히 왕족이 사용하는 것을 보補라고 한다. 흉배의 형태와 장식 내용은 신분에 따라 구분된다. 조선왕조에서 흉배에 대한 논의는 세종 때 우의정 하연과 우참찬 정인지에 의해 처음 제기[1]되었으나, 사치적 요소가 있다는 영의정 황희의 반대로 무산되었다. 이후, 단종 때 다시 검토관 양성지의 건의를 받아들여 처음으로 실시되었으며,[2] 장식의 내용이 조금씩 바뀌면서 조선 말기까지 줄곧 시행되었다.

---

1) 『세종실록』 1446년(세종 28) 1월 23일 신묘.

2) 『단종실록』 1454년(단종 2) 6월 1일 임오.

◈ 흉배의 형태와 장식 내용

왕과 왕비	양(陽)	원형바탕	용(龍)
왕족	음(陰)	사각바탕	상상 속 동물
문관	음(陰)	사각바탕	날짐승
무관	음(陰)	사각바탕	들짐승

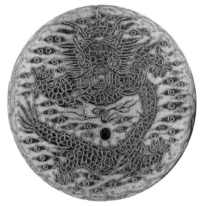

곤룡포의 보(補) / 출처 : 문화재청

흥선대원군 기린흉배
/ 출처 : 문화재청

기둥의 하중을 지지하고 부식을 방지하기 위해 기둥 밑에 받쳐 놓는 돌을 초석 또는 주춧돌이라 한다. 초석은 시대와 지역에 따라 사각형·육각형·팔각형·원형 등 다양하게 사용하였지만, 사각형과 원형이 한 몸으로 된 것은 천원지방의 개념이 적용된 것이다.

근정전 회랑

회랑 초석

경회루는 35개의 돌기둥이 2층의 하중을 지지하고 있는 구조인데, 기둥 이외에 다른 구조체가 없어 돌기둥이 주는 인상이 강렬하다. 그런데 돌기둥을 자세히 보면 외곽에 배치된 기둥은 사각 형이고 그 안쪽에 있는 것들은 원형으로 되어 있음을 확인할 수 있다.

경회루 외부 사각기둥

경회루 내부 원기둥

왕과 왕비의 침전인 강녕전과 교태전 역시 외부기둥만 사각형이고, 내부기둥은 모두 원형이다.

강녕전 외부 사각기둥

강녕전 내부 원기둥

강녕전·교태전·경회루는 외부기둥을 사각형, 내부기둥을 원형으로 처리하여 천지와 음양이 결합된 천원지방 사상을 적용하였다. 그런데 집옥재는 이와 반대로 외부기둥이 원형이고, 내부기둥이 사각형이다. 이와 같이 기둥의 양식을 상반되게 적용한 의도에 대해서 아직 밝혀진 것은 없다.

집옥재

집옥재 외부 원기둥

　연못의 형태에 천원지방 원리를 적용한 곳은 동양문화권 중에서도 우리나라가 유일하다. 조선시대의 연못은 대부분 테두리를 사각형으로 만들고, 그 안에 둥근 섬을 두었다. 경복궁에서는 향원정 연못이 천원지방의 원리에 부합하는 사례이다. 경회루는 예외적으로 연못 안에 네모난 세 개의 섬을 두어, 유가적 틀 속에 도가적 신선의 세계를 꾸며 놓았다.

경복궁 경회루 / 출처 : 다음지도

경복궁 향원정 / 출처 : 다음지도

　천원지방의 원리는 특히 사대부들이 선호하여 그들이 거주하는 곳 연못에 이 원리를 적용하였다. 함안의 무기연당, 강릉의 선교장, 논산의 윤증고택, 구례의 운조루 등이 대표적인 사례이다.

함안 무기연당 / 출처 : 다음지도

무기연당 연못

　조선시대의 연못은 그 형태 못지않게 위치도 중요하게 취급되었다. 연못의 형태에는 천원지방의 원리가 적용되었지만, 연못의 위치에는 풍수원리가 적용되었다. 풍수에서는 생기를 보호하는 가장 중요한 요소로 물을 꼽는다. 그래서 조선시대에는 연못을 주요 전각의 앞에 조성하여 건물에 모인 생기가 외부로 누수 되는 것을 방지하였다.

　강릉 선교장은 주택의 진입로 중앙에 연못을 만들고, 연못의 양 끝단에 길을 조성하였다. 선교장 내부의 생기를 보호하기 위해 생활의 불편을 어느 정도 감수하고 있는 것이다.

강릉 선교장 / 출처 : 다음지도

선교장 연못

　논산의 윤증고택은 좌청룡 산줄기가 집을 감싸고 있으므로, 연못을 우백호 끝자락에 배치하였다. 그리고 집안사람들이 이용하기 편리하도록 연못의 섬을 중앙이 아닌 사각형 연못의 모서리 쪽에 조성하였다.

논산 윤증고택 / 출처 : 다음지도

윤증고택 연못

구례의 운조루는 주택 담장 앞으로 물길이 흐르며, 집 앞에 있는 연못의 좌우 폭은 주택의 담장 폭과 동일하다. 이와 같이 집 앞에 물길과 연못을 두어 이중으로 감싸서인지 구례의 운조루는 조선시대 최고의 풍수 명당 중 하나로 알려져 있다.

구례 운조루 / 출처 : 다음지도

구례 운조루

5. 팔패

팔괘는 역학易學에서 자연계와 인간계의 본질을 파악하고 분석하는 기호체계로서 상고시대에 복희씨가 만들었다고 전한다. 팔괘는 건乾·태兌·이離·진震·손巽·감坎·간艮·곤坤을 기본인자로 구성되며, 각각 하늘·연못·불·천둥·바람·물·산·땅을 상징한다. 팔괘의 상象에 특정한 의미를 담아 8개 방위에 배치한 것을 팔괘도라고 하는데, 팔괘도는 복희팔괘도와 문왕팔괘도 두 가지로 구분된다. 복희팔괘도伏羲八卦圖는 자연계가 현실화되기 이전의 이상세계를 그린 것이라는 의미에서 선천도先天圖라 하고, 문왕팔괘도文王八卦圖는 자연계의 시간적 변화과정을 설명하면서 현실세계를 그린 것이라는 의미에서 후천도後天圖라고 한다.

복희팔괘도

문왕팔괘도

경복궁은 광화문 문루·근정전 정(鼎)·팔우정 천정에 팔괘문양이 장식되어 있다. 경복궁에 장식된 팔괘문양은 모두 후천도인 문왕팔괘도이다. 특히 광화문 문루에 있는 팔괘문양은 정면의 우측부터 시계방향으로 손(☴) → 리(☲) → 곤(☷), 서측 태(☱), 배면 건(☰) → 감(☵) → 간(☶), 동측 진(☳)괘가 장식되어 있으므로, 광화문을 따라 한 바퀴를 돌며 확인해야 한다.

광화문(光化門)

팔괘문양

광화문 문루에는 배수구가 정면과 배면에 각각 6개씩 있다. 정면의 배수구는 용두 모양을 하고 있으며, 배면의 배수구는 연꽃 모양을 하고 있다. 그런데 배면 연꽃 배수구 하단을 자세히 살펴보면 사각형 틀에 정교한 솜씨로 팔괘문양이 새겨져 있는 것을 확인할 수 있다.

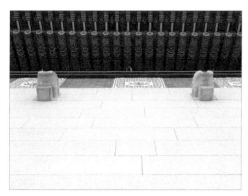

광화문 문루 배수구

문루 배수구 팔괘문양

근정전 앞 좌우에는 청동으로 만든 향로 모양의 정鼎이 하나씩 놓여 있다. 정은 고대 중국에서부터 사용했다고 하는데, 그 자체로 왕권을 상징한다. 옛 자료를 보면 정鼎의 위에 용머리가 달린 뚜껑이 있었는데, 현재는 그 소재를 확인할 수 없다. 그런데 이 정鼎의 상단 테두리에도 팔괘문양이 빙 둘러 장식되어 있다. 유교국가인 조선에서 팔괘문양을 특별한 의미로 인식하고 있었음을 알 수 있는 대목이다.

그런데 세종 때의 기록에 의하면 궁궐의 행사를 치르면서 근정전 앞에 향로 두 개를 설치하였다는 기록이 나온다.[1] 이를 근거로 정鼎과 향로香爐의 진실성 여부에 대해 논란이 되고 있다. 하지만 근정전도 고종 때 새롭게 중창된 데다 둘 사이에 450년의 시간차가 있어서 어느 것이 옳다고 단정하기는 쉽지 않아 보인다.

근정전 정(鼎)

정(鼎) 팔괘문양

집옥재 서편의 팔우정에는 태극과 팔괘가 조합된 문양이 천정 중앙에 장식되어 있다. 현대의 회화적 관점에서 바라보면 디자인과 색상이 어색하거나 조잡하게 느껴질 수도 있다. 그러나 실내 장식에 유교원리의 기반이 되는 태극이나 팔괘문양으로 디자인한 것을 현대의 미학적 관점에서 비교하는 건 무리가 있다. 조선왕조는 유교의 근본이념을 문양이나 장식에 투영시켜, 유교적 이상국가의 구현에 대한 의지를 표현했기 때문이다.

팔우정 천정 / 출처 : 한양대 동아시아건축역사연구실

팔괘문양

---

1) 『세종실록』 1418년(세종 즉위년) 11월 7일 계축.
　設香爐二於前楹外. 향로 두 개를 (근정전) 앞의 기둥 밖에 설치하였다.

강화도 전등사에는 중국에서 제작되어 일제 때 조선에 유입된 철종鐵鐘이 보관되어 있다. 종 하단에 새겨진 명문에 의하면 1097년(북송 철종 4) 제작되어, 하남성 백암산 숭명사에 있었다.[2] 우리나라에 유입된 경위는 밝혀지지 않았지만, 부평의 군기창에 보관되어 있던 것을 불교신도들에 의해 전등사로 옮겨온 것이라고 한다.

전등사 철종은 청아한 소리와 함께 중국 종의 특성을 잘 간직하고 있어 보물로 지정되었다. 그런데 종은 불교에서 사용하는 기물임에도, 종 상단에 유교 논리의 기반이 되는 문왕팔괘의 문양이 테두리 장식으로 새겨져 있다. 유교 문화가 불교에 영향을 준 결과라고 생각된다.

전등사 철종 / 출처 : 문화재청

철종의 팔괘문양. 보물 제393호 / 출처 : 문화재청

---

2) 大宋懷州修武縣 百巖山崇明寺 紹聖丁丑歲 丙戌念三日鑄 鐘一顆.

6. 십장생

(1) 태양
(2) 구름
(3) 물
(4) 소나무
(5) 연꽃
(6) 학
(7) 거북
(8) 사슴
(9) 불로초
(10) 돌

인간은 누구나 오복五福을 누리며 행복하게 살기를 원한다. 오복이란 인간이 이상적인 삶을 영위하는데 필요하다고 생각하는 다섯 가지 복을 말하는데, 「홍범구주」[1]에 그 내용이 처음으로 등장한다. 「홍범구주」는 정신적·물질적으로 풍요를 누리면서, 건강하게 장수하다 아쉬움 없이 생을 마감하는 것이 오복이라고 하였다.

오복의 요소에 대해서는 다른 의견도 있다. 청나라 학자 적호[2]는 「홍범구주」에서 제시한 오복 중에서 유호덕攸好德과 고종명考終命을 빼고 입신출세와 자손번창을 추가하였다. 하지만 부귀와 장수를 추구한다는 점에서는 크게 다르지 않다.

◆ 『서경』의 오복

수(壽)	장수
부(富)	물질적 풍요
강녕(康寧)	육체적 건강
유호덕(攸好德)	정신적 풍요
고종명(考終命)	깔끔한 죽음

오복의 핵심은 현세에서 행복하게 살면서 장수하는 것이다. 사람들은 주거공간과 생활용품에 특정 문양을 장식하여 장수를 기원하였는데, 가장 대표적인 것이 십장생문양이다. 십장생은 장수를 염원하는 민간신앙이 장생불사의 신선사상과 결합하여 상징적 의미로 발전하였으며, 회화와 장식을 통해 일반화되었다.

십장생문양은 고구려 고분벽화와 고려청자 등에서도 발견되는 것으로 보아 우리나라에서도 상당히 오래전부터 사용되었던 것으로 보인다. 십장생의 구성요소는 시대와 지역에 따라 다소 차이를 보이기도 하지만, 불로장생과 만수무강이라는 현세구복적 염원을 지향한다는 점에서는 역시 동일하다.

---

1) 『서경』의 「홍범구주(洪範九疇)」는 당대(當代)의 정치철학을 유가적(儒家的) 관점에서 아홉 가지 항목으로 정리한 글이다. 아홉 가지 항목은 오행(五行)·오사(五事)·팔정(八政)·오기(五紀)·황극(皇極)·삼덕(三德)·계의(稽疑)·서징(庶徵)·오복(五福)을 말한다.

2) 『통속편(通俗編)』 청나라 학자 적호(翟灝)의 저서.
   수(壽)·부(富)·귀(貴)·강녕(康寧)·자손중다(子孫衆多)를 오복의 요소로 꼽았다.

◆ 십장생의 요소

	해	물	소나무	거북	학	불로초	대나무	사슴	구름	산	달	돌
고려 이색3)	해	물	소나무	거북	학	불로초	대나무	사슴	구름			돌
조선 성현	해	물	소나무	거북	학	불로초	대나무	사슴		산	달	
두산백과	해	물	소나무	거북	학	불로초		사슴	구름	산		돌
위키백과	해	물	소나무	거북	학	불로초		사슴	구름	산		돌
십장생굴뚝	해	물	소나무	거북	학	불로초	대나무	사슴	구름			돌

조선초기의 문신 성현은 새해에 십장생도를 하사받은 후, 그림 속에 있는 십장생을 일일이 열거하며 노래한 시를 남겼다.

日月常臨照	해와 달은 한결같이 비추어 주고
山川不變移	산과 내는 언제고 변함이 없지.
竹松凌雪霰	대와 솔은 눈서리를 견디어 내고
龜鶴享期頤	학과 거북 장수하는 동물들이네
白鹿形何潔	흰 사슴은 어찌 그리 깨끗하던가.
丹芝葉更奇	지초는 잎이 더욱 기이하여라.
長生深有意	십장생에 깊은 뜻이 담겨 있으니
臣亦荷恩私	소신 또한 크나큰 성은 입었네.

－ 성현(成俔), 십장생(十長生)4)

십장생의 구성요소는 소나무나 거북과 같이 인간보다 월등히 장수하는 것도 있지만, 불로초(영지)나 사슴처럼 수명이 아주 짧은 것도 있다. 이는 십장생 각 구성원의 생물학적 요인보다 각 요소들에 관념화된 상징적 의미가 더 크게 작용한 결과라고 할 수 있다. 예를 들어 불로초(영지)는 평균수명이 12년밖에 안 되지만, 우리의 문화와 의식 속에서는 진시황의 불로초 설화에서부터 십장생굴뚝에 이르기까지 불로장생과 영생불사의 상징으로 인식되고 있다.

---

3) 『목은집(牧隱集)』 「목은시고 제12권」 歲畫十長生 日雲水石松竹芝龜鶴鹿.
   십장생은 곧 해·구름·물·돌·소나무·대·지초(芝, 불로초)·거북·학·사슴이다.

4) 『허백당집(虛白堂集)』 「허백당보집 제5권」 受賜歲畫十長生. 하사하신 십장생 그림을 받다.
   (한국고전번역원, 조순희 역)

◈ 십장생의 수명 (자료에 따라 편차가 있다)

소나무	거북	대나무	학	불로초	사슴
500	200	60	50	12	12

십장생문양은 무덤이나 건축뿐만 아니라 이불·베개·장롱·병풍·벽화·금속공예·목공예·도자기 공예 등 다양한 곳에 적용되어 나타난다. 자경전의 십장생굴뚝에는 십장생뿐만 아니라, 포도·연꽃·국화·원앙새 등 다산과 화목과 장수를 기원하는 길상문양들도 다수 포함되어 있다.

(1) 태양

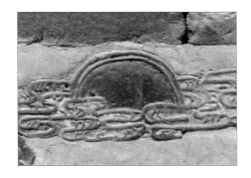

◈ 태양의 상징

陽氣, 火氣, 유구(悠久)
신성(神聖), 권위, 지혜
광명, 생명력, 희망, 탄생, 창조

태양은 음양오행의 주된 요소이자 음양과 오행의 속성을 모두 갖추고 있는 유일한 요소이다. 음양에서는 양기陽氣를, 오행에서는 화기火氣를 나타내며, 태양계에 존재하는 모든 생명의 원천이 된다. 아울러 화기는 남쪽·여름·낮·빨강·주작 등을 상징한다.

태양은 우주만물에 빛과 열을 제공하는 공급원이다. 회화에서는 주로 붉은색 원이나 동심원으로 묘사된다. 강렬한 빛을 발산하는 태양의 이미지는 권력과 신성함을 상징하여, 고대의 문명과 종교는 태양을 중심으로 전개되었다. 우리나라도 부여·고구려·신라·가야를 개창한 시조의 탄생 설화에 빛이 등장한다. 이는 태양을 통해 탄생에 대한 신성성을 더욱 강조하기 위한 것이었다.

◈ 빛 관련 탄생설화

동부여왕 금와 『삼국사기』	其所御馬至鯤淵 見大石相對流淚 王怪之 使人轉其石 有小兒 金色蛙形. 곤연이라는 곳에 이르자 타고 가던 말이 큰 돌을 보고 눈물을 흘렸다. 왕이 이를 이상히 여겨 돌을 들춰 보니, 금빛 개구리 모양의 어린아이가 있었다.
고구려시조 고주몽 『삼국사기』	爲日所炤 引身避之 日影又逐而炤之 因而有孕 生一卵 大如五升. 햇빛이 비추자 유화는 몸을 피했다. 그러면 햇빛도 따라와 유화를 비추었다. 이로 인해 임신하여 알을 하나 낳았는데, 크기가 다섯 되쯤 되었다.
가락국시조 김수로 『삼국유사』	尋繩之下 乃見紅幅裏金合子 開而視之 有黃金卵六圓如日者. 줄 끝에는 붉은색 보자기로 싼 금합이 들어있었다. 열어서 안을 보니 태양같이 둥근 황금알 여섯 개가 들어 있었다.
신라시조 박혁거세 『삼국유사』	剖其卵得童男 形儀端美 驚異之 浴於東泉 身生光彩. 알에서 사내아이가 나오자, 경이롭게 생각하여 동천에 목욕시키니 온몸에서 광채를 발하였다.
경주김씨시조 김알지 『삼국유사』	瓠公夜行月城西里 見大光明於始林中 有紫雲從天垂地 雲中有黃金櫃 掛於樹枝 光自櫃出 亦有白鷄鳴於樹下 以狀聞於王 駕幸其林 開櫃有童男 臥而卽起 호공이 밤에 월성 서쪽의 마을을 지나다가 시림 숲 속에서 밝은 빛을 보았다. 자줏빛 구름이 하늘에서 땅으로 드리워져 있고, 구름 속에 황금궤짝이 나뭇가지에 걸려 있었다. 궤짝은 빛을 발하고 있었으며, 나무 아래에서 흰 닭이 울고 있었다. 임금이 이 소리를 듣고 말을 타고 그 숲에 가서 궤짝을 여니 사내아이가 벌떡 일어났다.

왕을 상징하는 일월오봉병에는 해와 달이 함께 등장한다. 이는 음양의 이치일 뿐만 아니라 왕권의 신성성과 위엄을 상징하기 위한 것이다.

건청궁 장안당

장안당 일월오봉도

　왕릉은 짐승이나 화재로부터 봉분을 보호하기 위해 전면을 제외한 3면에 나지막한 담장(曲墻)을 두른다. 담장에는 해와 달을 상징하는 둥그런 돌을 듬성듬성 장식하듯 박아 놓았는데, 이러한 담장을 일월담이라 부른다. 일월담에 장식된 원형 돌들은 해와 달을 상징하며, 왕에 대한 신성성을 나타낸다.

인조 장릉 곡장

곡장 일월담

　창덕궁 인정전 뒤에도 주산과 궁궐의 영역을 구분 짓는 일월담이 놓여있다. 여성공간에는 주로 십장생이나 사군자 등으로 화려하게 장식한 꽃담을 두르지만, 남성공간의 담장에는 특별한 장식을 하지 않는다. 다만 제한적으로 일월담 정도가 예외적인 경우이다.

창덕궁 인정전

인정전 일월담

태양은 희망을 상징하기도 한다. 그래서 고대 신전이나 종교시설은 빛을 효과적으로 소화할 수 있는 구조나 장식으로 디자인하였다. 건물 일부에 높이의 차이를 두어, 외부의 빛을 벽에 반사시켜 간접광을 만들기도 하였다. 그리고 특정 색상의 유리를 설치하여 실내조명을 다양하게 제어하였으며, 별도의 램프나 촛불을 사용하여 빛의 성격에 변화를 주기도 하였다.

1900년(광무 4) 강화도에 건립된 '성공회 강화성당'은 한옥과 고대 로마의 바실리카 양식이 조화를 이루는 건물로 알려져 있다. 바실리카Basilica 양식이란 빛을 효과적으로 받아들이기 위해 지붕위의 상부를 터서 위로 올리고 그 사이에 유리를 설치한 건축양식을 말한다. 그러면 예배당 내부는 현재의 성당과 같이 자연스럽게 회랑과 예배공간이 형성되는 것이다.

성공회 강화성당

강화성당 내부

경복궁 창건 당시에는 정문을 오문午門이라 하였는데, 1425년(세종 7) 집현전 학사들의 의견에 따라 광화문光化門으로 바꾸었다. 광화光化에는 '왕의 큰 덕이 온 나라를 비춘다'는 의미와 함께 '빛이 사방을 덮고 교화가 만방에 미친다[5]'는 의미도 있다. 여기서 빛光은 임금의 성스러운 덕과 권위를 상징한다.

그래서 광光이란 문자는 계광당·함광문·중광문과 같이 주로 왕과 왕비와 세자의 거처에 사용되었다. 계광당啓光堂은 왕의 처소에 있는 행각이며, 함광문含光門은 왕비 처소의 남문이고, 중광문重光門은 세자 처소의 남문이다. 계광啓光이란 '밝은 빛이 열린다.'는 뜻이며, 함광含光은 '만물을 너그럽게 포용한다.'는 뜻이며, 중광重光은 '빛나는 덕을 거듭 밝힌다.'는 뜻이다.

---

5) 『서경』 光被四表 化及萬方.

◈ 광(光)자가 사용된 전각

광화문 光化門	경복궁 정문	빛이 사방을 덮고 교화가 만방에 미친다.
계광당 啓光堂	강녕전 행각	밝은 빛이 열린다.
함광문 含光門	곤녕합 남문	만물을 너그럽게 포용한다.
중광문 重光門	자선당 남문	빛나는 덕을 거듭 밝힌다.

자선당 중광문

중광문(重光門)

강녕전 계광당

계광당(啓光堂)

경복궁에서 왕과 왕비의 침전은 강녕전과 교태전이다. 그런데 경복궁 북동쪽 끝단에 침전영역이 하나 더 있다. 1873년(고종 10)에 건립한 장안당과 곤녕합이다. 특히 곤녕합은 명성황후가 일본의 낭인들에게 시해당한 비운의 장소이기도 하다. 이곳 곤녕합을 출입하는 남문이 함광문含光門이다.

건청궁 함광문

함광문(含光門)

(2) 구름

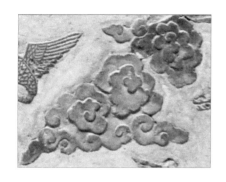

◆ 구름의 상징
자연의 조화, 자유, 풍요
장수, 권위
성스러움, 신비

　구름이란 공기 중의 수분이 미세한 물방울이나 얼음 결정 상태가 되어 공중에 모여 있는 것을 말한다. 농경사회에서 구름은 비·바람과 더불어 자연의 조화·성스러움·풍요·장수를 상징하였다. 단군신화에서 환웅은 바람과 비와 구름을 관장하는 주술사(풍백·우사·운사)를 거느리고 하늘에서 내려와 농사·수명·질병·형벌·선악을 주관하였다.[6]

　구름은 창공에 높이 떠서 행적에 구애받지 않고 유유자적하는 모습에서 자유롭게 무한장구하는 신선의 이미지를 낳았다. 그래서 구름은 고대의 신화나 서사시에서 하늘과 땅을 자유자재로 이동

6) 『삼국유사』 「고조선」 桓雄天王也 將風伯雨師雲師 而主穀主命主病主刑主善惡.

하는 천신이나 신령들의 왕래수단으로 등장하기도 한다.

◈ 왕래수단

동명왕편	북부여 건국시조 해모수는 하백의 딸 유화(柳花)와 관계하여 고주몽을 잉태하게 하고는 홀로 붉은색 구름을 타고 천상으로 올라갔다.
삼국유사	낭지(郎智) 스님이 구름을 타고 중국 청량산을 왕래하며 불법을 닦았다.
서유기	손오공이 구름을 타고 공간을 자유자재로 이동하였다.

마찬가지로 왕도 구름문양 가득한 답도 위를 나는 듯이 지나간다. 궁궐의 답도 중앙에는 용이나 봉황이 있고 그 여백을 구름문양이 감싸고 있다. 따라서 왕도 용이나 봉황처럼 구름 위를 나는 듯이 지나가는 것이다.

근정전

근정전 답도

경복궁 흥례문

흥례문 답도

강녕전·자경전과 같은 주요 전각의 합각부에는 구름문양을 배치하여, 장식효과와 상징효과를 동시에 지향하고 있다.

강녕전 지붕

합각부 구름문양

자경전 합각부의 수막새와 암막새는 용과 봉황으로 장식하여 대비大妃의 위엄과 권위를 나타내었다. 그리고 합각부 벽면에는 대비의 장수를 기원하는 구름문양을 비롯하여 만자문양과 회문양 등으로 가득 채워 놓았다.

자경전 서측

합각부 구름문양

우리에게 익숙한 구름은 뭉게구름·솜털구름·먹구름 등이다. 하지만 문양에 등장하는 구름은 괴운문怪雲紋, 당초운문唐草雲紋, 유운문流雲紋, 보운문寶雲紋, 점운點雲 등으로 부른다. 전자가 하늘에 떠있는 구름의 모양에 의해 지어진 이름이라면, 후자는 회화적 관점에서 묘사기법이나 등장요소에 따라 명명된 것들이다.

구름은 용·봉황·기린·현무 등과 함께 환상적이고 신비스런 분위기를 자아내어 상서로운 징후를 암시한다. 이러한 분위기는 유교적 권위와 도교적 이상세계를 동시에 상징한다.

광화문 기린과 구름

광화문 현무와 구름

호號는 본 이름이나 자字 외에 상대방이 허물없이 부를 수 있도록 지은 이름이다. 이러한 호는 당대唐代에 시작하여, 송대宋代에 널리 보편화되었고, 우리나라는 삼국시대부터 사용했다고 한다. 고려의 문인 이규보[7]는 자신의 호를 구름에 비유하여 백운거사白雲居士라 짓고, 그 이유를 속박이 없는 자유에서 찾았다.

夫雲之爲物也 溶溶焉洩洩焉　　구름이란 뭉게뭉게 피어나 한가롭게 떠다니는 것이라네.
不滯於山 不繫於天　　　　　산과 하늘 어디에도 매이지 않으며,
飄飄乎東西 形迹無所拘也　　자유롭게 떠다녀도 구애받지 않는다네.
　　　　　　　　　　　　－ 이규보, 『동국이상국집』「백운거사어록(白雲居士語錄)」

7) 이규보(李奎報, 1168~1241) 고려시대의 문신·문인. 『동국이상국집』은 이규보의 대표적인 시문집으로, 고구려의 건국신화를 웅장하게 서술한 「동명왕편」을 수록하고 있다. 특히 고금의 예의를 수집하여 엮은 전례서(典禮書) 「상정고금예문(詳定古今禮文)」이 금속활자로 인쇄되었음을 밝히고 있는데, 이는 고려 주자인쇄(鑄字印刷)의 일면을 살피는데 귀중한 자료가 되고 있다.

 김시습[8]은 수양대군이 조카의 왕위를 찬탈하고 도의를 무너뜨린 행태에 실망하여 속세를 떠나 산천을 유랑하였다. 그리고 꿈속에서나마 학을 타고 오색구름 사이를 누비며 속세의 탐욕이 없는 이상세계를 갈구하고 있다. 도가의 세계에서 구름은 세속을 벗어난 이상향이나 피안의 초월적 경지를 나타낸다.

駕鶴逍遙海上山	바다 위 삼신산을 학을 타고 노니는데
蓬萊宮闕五雲間	오색구름 사이로 봉래궁궐 솟아있네.
人環正在風波底	인간 세상 참으로 풍파에 잠겨있어
百歲勞勞不自閑	한평생 괴로울 뿐 자유롭지 못하리라.

 – 김시습, 유선가(遊仙歌), 『매월당집 10』

(3) 물

◈ 물의 상징

생명력, 탄생, 창조, 장수
풍요, 정화, 재생, 치유
가능성, 근원성, 형상이전
소멸, 죽음, 속죄

 황하강·티그리스강·유프라테스강·인더스강·나일강 유역은 세계에서 가장 먼저 문명의 꽃을 피운 곳이다. 이들 지역은 모두 북반구 온대지방으로 사계절의 변화가 뚜렷하고, 토양이 기름져 농업생산에 유리한 지리적 이점을 가지고 있다. 무엇보다 물이 풍부하다는 공통점이 있다.

 물에는 만물의 탄생과 성장을 주관하는 생기가 있으며, 사악한 부정을 물리치고 새롭게 갱생하는 정화의 기능도 있다. 그래서 물은 맑음·청결·변화·순리·포용 등을 상징한다. 예로부터 종교나

---

8) 김시습(金時習, 1435~1493) 조선전기의 학자·문인. 생육신의 한 사람이다. 호는 매월당(梅月堂). 수양대군의 왕위 찬탈에 실망하여 은둔생활을 하다 승려가 되었으며, 벼슬길에 오르지 않았다.

국가 및 가정의 의례에 빠지지 않고 등장하는 것이 물이다.

민속에서 물은 생명과 풍요와 정화의 권능으로 독특한 종교적 기능을 발휘하였다. 이른 새벽에 우물에서 길은 맑고 정갈한 물을 정화수 또는 정안수라고 한다. 맑은 새벽에 맑은 정화수 앞에서 맑은 정성을 더하면 신령과 소통할 수 있다고 하는 믿음이 정화수 신앙의 골자다.

전라도에서 민간신앙으로 전승되고 있는 씻김굿은 죽은 이의 영혼을 위로하고 부정한 것을 씻어내어 극락으로 보내는 천도의식을 말한다. 망자의 씻김에는 쑥물·향물·맑은 물 등을 사용한다. 물에 마른 쑥을 넣은 것을 쑥물이라 하고 토막 낸 향을 넣은 것을 향물이라고 한다. 쑥물과 향물은 물에 내재된 생명과 정화의 기능에 쑥과 향을 첨가하여 물의 기능을 다양화한 것이다.

중국의 성인 노자는 물의 품성을 형이상학적으로 이해하고 미화한 최고의 물예찬론자이다. 노자는 우주만물의 생성과 변화의 질서를 자연 속에서 찾았으며, 자연현상을 대표하는 것으로 물을 꼽았다.[9] 노자는 "물속에 내재된 겸허와 부쟁의 덕을 善의 표본"[10]으로 인식하여, "천하에 물보다 부드럽고 약한 것이 없지만 군세고 강한 것을 공략하는 데는 그보다 나은 것이 없다."[11]고 하였다.

풍수風水에서도 물은 중요한 요소이다. 풍수란 용어는 장풍득수에서 유래된 것으로 바람을 적절히 보호하고, 물水을 적당하게 간직한 곳이 명당이라는 의미이다. 명당이란 풍수에서 생기가 충만한 땅을 말한다. 생기는 만물의 탄생과 결실을 주관하는 기운을 말하며, 음기와 양기로 구분된다. 풍수경전은 '음기는 땅 속에서 만물의 탄생을 주관하고, 양기는 땅 밖에서 만물의 형체를 이룬다.'[12]고 한다. 따라서 명당이란 생기가 충만한 땅, 즉 수분(물)을 적당히 함유한 땅을 말한다. 흙이 생기 자체는 아니지만 만물의 근원인 물을 적당히 간직한 흙에는 생기가 있다고 보는 것이다.[13]

---

9) 『도덕경』 제25장 人法地 地法天 天法道 道法自然 "사람은 땅을 본받고, 땅은 하늘을 본받고, 하늘은 도를 본받고, 도는 자연을 본받는다".

10) 『도덕경』 제8장 上善若水 水善利萬物而不爭 處衆人之所惡 故幾於道.

11) 『도덕경』 제78장 天下莫柔弱於水, 而攻堅强者莫之能勝也.

12) 『금낭경』 「기감편」 外氣橫形 內氣止生.

13) 『금낭경』 「기감편」 夫土者氣之體 有土斯有氣 氣者水之母 有氣斯有水. "무릇 흙은 생기의 몸체로서 흙이 있으면 생기가 있는 것이다. 또 생기는 물의 어머니로써 생기가 있으면 물이 있는 것이다"

경복궁 내부를 관통하여 흐르는 물줄기는 자하문 계곡에서 흐르는 물길이 경복궁 북서쪽 집옥재와 건청궁 사이로 진입하여, 향원정 → 집경당 → 경회루 → 수정전 옆을 남북으로 흐르고, 근정전과 동궁 앞을 동서로 가로 질러 흐른 뒤, 다시 남쪽으로 방향을 돌려 청계천으로 이어진다.

집옥재와 건청궁 사이

경회루 옆 물길

이와 같이 전통시대의 양택(건축)과 음택(묘지)에서는 풍수의 영향이 많이 발견된다. 경복궁·창덕궁·창경궁·경희궁·덕수궁 등 모든 궁궐은 정문을 들어서면 가로로 흐르는 물길錦川이 있고, 물길을 건너야만 정전으로 들어갈 수 있다.

금천과 영제교

금천과 행랑

인조의 장릉長陵도 능역을 가로질러 흐르는 계곡물이 외부세계와의 경계를 이루고 있다. 민묘 民墓의 경우에도 묘역 앞을 가로 지르는 물길이나 연못을 쉽게 발견할 수 있는데, 이는 풍수의 영향이라고 할 수 있다.

인조 장릉

장릉 물길

관청·사찰·향교·서원·민가 등에도 연못이나 물길을 이용한 풍수적 장치들이 많이 조성되어 있다. 경복궁의 경회루와 향원정 연못 역시 물을 특별하게 다루고자 한 의도였으며, 향원정의 서북 쪽 입수처入水處에는 특별히 샘을 조성하고 '열상진원洌上眞源'14)이란 문구를 새겨 놓았다. 열상진원샘의 내부 구조는 향원지로 유입되는 계곡의 차가운 물이 안정된 유속과 온도를 유지할 수 있도록 설계되었다고 한다.

향원정 열상진원샘

열상진원(洌上眞源)

---

14) 열상진원(洌上眞源) – '차고 맑은 물의 근원'이란 의미이다.

경복궁에는 다양한 기능의 우물이 많이 있다. 함원전 후원에 있는 것은 식수용 우물인데, 우물 주위로 경사진 화계를 만들고 예쁜 화초를 심어 마치 정원과 같은 아늑한 분위기를 연출하였다. 세종과 세조는 함원전에 불상을 모셔놓고 불교의식과 관련된 행사를 자주 열었다. 문종이 승하하였을 때는 단종이 즉위하기 전까지 이곳에서 머물기도 하였다.[15] 특히 고종은 친정한 이후, 이곳에서 신하들과 『통감』을 중심으로 학문에 매진하기도 했다. 함원전 후원의 우물은 함원전뿐만 아니라 교태전에 필요한 물을 제공하기 위한 것이었다.

함원전

함원전 우물

흠경각은 조선전기에 물시계인 자격루를 설치했던 건물인데, 흠경欽敬이란 문구에는 '공경함을 하늘과 같이 하여, 백성에게 절후를 알려 준다'는 뜻이 담겨 있다.[16] 흠경각 앞에도 육중한 돌을 다듬어 장식한 우물이 있는데, 이 우물은 흠경각의 자격루에 필요한 물을 공급하기 위한 목적으로 만들었다고 한다.

흠경각(欽敬閣)

흠경각 우물

---

15) 『문종실록』 1452년(문종 2) 5월 14일 임신.
16) 『세종실록』 1438년(세종 20) 1월 7일 임진. 『서경』 「요전(堯典)」, 欽若昊天 敬授人時.

태원전 일곽은 경복궁에서 사당과 재실의 기능을 겸하고 있는 제사공간이다. 따라서 이곳에는 제사 용도의 우물이 여러 곳에 마련되어 있다.

태원전 우물   태원전 우물

궁궐의 우물은 원형으로 만든다. 우물의 형태가 특별히 명문화된 것은 아니지만, 천원지방天圓地方의 원리에 따른 것이다. 그런데 태원전 북동쪽 모서리에 있는 것은 사각형이어서 눈길을 끈다. 경복궁 배치도인 북궐도형北闕圖形에는 이곳과 서측의 세답방洗踏房 우물만 사각형으로 표기되어 있다. 세답방은 '궁중에서 빨래하는 일을 담당하던 부서'임을 감안하면, 궁중이라 하더라도 허드렛일을 하는 용도의 우물은 사각형으로 만들었던 것 같다.

태원전 우물   태원전 우물

(4) 소나무

◈ 소나무의 상징

장수, 불사
절개, 지조, 신선, 은둔
위엄, 권위, 벽사

소나무는 혹독한 자연환경에도 굴하지 않고 푸른 자태를 유지하여 초목의 군자라 일컬으며 지조와 절개를 상징한다. 또한 도교에서는 엄동설한에도 잎이 떨어지지 않고 꿋꿋하게 견디는 속성으로 장생불사에 비유되었으며, 장생불사를 위해 소나무 잎과 씨앗을 먹기도 하였다. 조선전기의 문인화가 강희안[17]은 수명이 오래된 소나무를 신선과 거북에 비유하여 장수를 강조하였다.[18]

세시풍속에서는 정월 대보름을 전후하여 문 위에 소나무 가지를 걸어 놓거나, 동짓날 삼신과 성주신에게 올린 팥죽을 솔잎으로 사방에 뿌려 잡귀와 부정을 막고자 하였다. 제의나 의례를 지낼 때는 금줄에 소나무 가지를 꽂았으며, 산모가 출산할 때는 금줄에 숯·고추·종이 등과 함께 소나무 가지를 꽂았다. 소나무에 잡귀와 부정을 막는 벽사의 의미가 있기 때문이다. 홍만선은 『산림경제』에서 '집 주변에 松竹을 심으면 생기가 돌고, 俗氣를 물리칠 수 있다'고 했다. 조상의 묘 주위에 소나무를 심는 것 역시 묘역을 수호하는 정화와 벽사를 목적으로 한 것이다.

---

17) 강희안(姜希顔, 1417~1464) 조선전기의 문신. 시·글씨·그림에 뛰어나 안견·최경창과 함께 삼절(三絶)이라 불렸다. 최항 등과 『용비어천가』를 주석하였고, 『동국정운』의 편찬에 참여하였다. 원예에 관한 전문서적인 『양화소록』을 저술하였는데, 여기에는 꽃과 나무의 품격과 그 의미 및 상징성을 논하고 있다.

18) 『양화소록』 大松 千歲 其精 化靑牛 爲伏龜.
큰 소나무는 천 년이 지나면 그 정기가 청우(靑牛)가 되고 복구(伏龜)가 된다.

　소나무를 유난히 사랑했던 정선[19]은 독특한 화법으로 소나무를 강조하였다. 함흥본궁송도咸興本宮松圖에서는 함흥본궁[20] 후원에 있는 노송 세 그루를 화면의 전면에 배치하고 본궁을 배경으로 처리하였다. 후원에 있는 소나무 세 그루를 그림의 주인공으로 삼은 것이다. 소나무를 강조하는 이러한 의지는 사직송도社稷松圖에서 절정을 이룬다. 온몸을 12개의 지지대에 의지해야 할 정도로 노쇠한 '사직단 소나무'를 묘사하면서 주체가 되는 사직단[21]은 아예 그리지도 않았다.

함흥본궁송도 / 출처 : 국립중앙박물관

사직송도(社稷松圖) / 출처 : 고려대학교박물관

　선비들은 소나무를 화폭에 담아 자신이 처한 상황과 의지를 결연하게 표출하곤 한다. 때로는 속세를 떠난 은일한 삶을 자랑하기도 하고, 때로는 힘든 상황에서도 지조와 절개를 지키는 군자임을 강조하기도 한다. 추사 김정희[22]는 세한도에 소나무를 등장시켜 시류에 영합하지 않고 변함없

19) 정선(鄭敾, 1676~1759) 조선후기 영조 때의 화가. 기존에 중국의 산수와 경관을 이상으로 삼았던 관념산수화의 화풍을 탈피하여 남종산수화와 조선 산수화의 특징을 접목시켜 우리의 자연을 사실적으로 묘사하는 진경산수화를 창안하였다.

20) 함흥본궁(咸興本宮) - 태조 이성계가 왕이 되기 이전까지 살았던 집.
　함흥본궁송도(咸興本宮松圖) - 독일 상트 오틸리엔(St. Ottilien) 수도원의 노르베르트 베버(Norbert Weber) 신부가 1925년 서울의 한 골동품 가게에서 구입해 가져간 것을 경북 칠곡군 왜관수도원 선지훈 신부의 노력으로 2005년 10월 22일 영구대여 형식으로 반환되었다. 특히 이 작품은 1756년 함흥에 다녀온 조선후기의 문신 박사해(朴師海)가 자신의 문집인 창암집(蒼巖集)에서 "함흥본궁을 방문한 적이 없는 정선에게 그림을 요청했더니 자신의 설명만 듣고도 실제로 본 듯이 묘사해냈다"고 전하고 있다.

21) 사직단 - 토지신인 국사신(國社神)과 곡물신인 국직신(國稷神)에게 제사 드리기 위해 조성한 단묘(壇廟).

22) 김정희(金正喜, 1786~1856) 조선말기의 문신·실학자·서화가. 호는 추사. 추사체라는 서체를 창안하였고, 진흥왕순수비(眞興王巡狩碑)를 판독하는 등 금석학 분야에도 뛰어난 업적을 남겼다. 효명세자의 스승이었던 김정희는 효명세자가 사망하자, '윤상도의 옥사'에 연루되어 제주도에 유배되었다. 김정희는 유배 중인 자신을 변함없이

는 우정을 보여준 제자 이상적李尚迪의 의리와 절개를 은유적으로 칭송하고 있다.

세한도(歲寒圖), 국보 제180호 / 출처 : 국립중앙박물관

　중국의 경전들도 소나무에 대한 칭송은 유별나다. 이러한 정서가 옛 선비들의 삶에 영향을 끼쳤을 것으로 생각된다.

　　歲寒然後 知松柏之後凋也.
　　날씨가 추워진 뒤에라야 송백이 시들지 않음을 안다.
　　　　　　　　　　　　　　　　　　　　　　　－『논어』

　　天寒旣至 霜雪旣降 吾是以知松柏之茂也.
　　하늘이 차고 눈서리가 내린 연후에야 송백의 푸르름을 알게 된다.
　　　　　　　　　　　　　　　　　　　　　　　－『장자』

　　歲不寒無以知松柏 事不難無以知君子.
　　추운 계절이 아니면 송백을 알 수 없고 어려운 일이 없으면 군자를 알 수 없다.
　　　　　　　　　　　　　　　　　　　　　　　－『순자』

　사육신[23]은 단종에 대한 지조와 절개를 온몸으로 실천한 충신들이다. 단종 복위운동에 실패한 이들은 한결같이 자신들 사고의 정당성과 당위성을 소나무에 비유하여 노래하고 있다.

　찾아주는 제자 이상적에게 세한도(歲寒圖)를 그려 고마운 마음을 표현하였다.

23) 사육신(死六臣) 1456년(세조 2) 단종의 복위를 도모하다 발각되어 처형되거나 스스로 목숨을 끊은 6명의 신하를 말한다. 단종 복위 운동 당시 모반 혐의로 처형되었거나 자진(自盡)한 사람은 70여 명에 이르지만, 성삼문·박팽년·하위지·이개·유성원·유응부를 특별히 '사육신'이라고 기리게 된 것은 남효온(南孝溫)의 역할이 있었다. 생육신 중 한 명인 남효온이 저서 『추강집』의 「육신전」에 이들 여섯 명의 행적을 소상히 적어 후세에 남긴 것이다.

이 몸이 죽어가서 무엇이 될 고 하니
봉래산 제일봉에 낙락장송 되었다가
백설이 만 건곤 할 제 독야청청하리라
― 성삼문, 봉래산가(蓬萊山歌)24)

간밤의 부던 바람에 눈서리 치단 말가.
낙락장송이 다 기울어 가노매라.
하물며 못다 핀 꽃이야 닐러 무엇하리오.
― 유응부, 낙락장송(落落長松)25)

　　회화의 영역에서 소나무는 상당히 다른 관점에서 묘사된다. 선비계층이 주로 관념적 인식에서 지조와 절개의 개념을 화폭에 담았다면, 서민계층은 실용적 인식에서 장수와 벽사의 개념을 표현하였다. 즉 선비들이 문인화에 지조와 절개를 표현한 반면, 서민들은 민화나 십장생도에 장수와 벽사의 의미를 담았던 것이다.

◆ 소나무에 대한 계층별 인식

	관점	상징	회화
선비계층	관념적 인식	지조, 절개	문인화
서민계층	실용적 인식	장수, 벽사	민화, 십장생도

교태전 굴뚝

소나무

---

24) 육광남, 『연산군일기』, 하늘과땅, 2006, p.208.
25) 기획집단 MOIM, 『고사성어 일촌맺기』, 서해문집, 2016, p.47.

경복궁 경내에서 건물이 들어서지 않은 공터는 건물 대신 소나무와 잔디가 분위기를 돋우고 있다. 그러나 이 소나무와 잔디가 삭막한 궁궐에 쾌적한 완충공간을 제공하고 있지만, 창건 당시의 의도와는 무관하다. 단지 경관디자인을 위해 빈 공간을 찾아 식재한 것들이다. 경복궁 설계도인 북궐도北闕圖에는 경복궁 내부에 공터가 없다. 전통건축에서는 공터라 하더라도 잔디를 사용하지 않았다. 최근에는 고증을 거쳐 경복궁의 공터가 조금씩 옛 모습을 찾아가고 있다. 참으로 다행스런 일이다.

경회루 뒤

태원전 앞

함화당 옆

흥복전 옆

(5) 연꽃

◈ 연꽃의 상징

상징	탄생, 다산, 번영, 평안, 군자
불교	청정, 초탈, 부처의 탄생
유교	군자, 은일, 순결
도교	고결, 선(仙)의 경지

연꽃은 습지나 진흙같이 더러운 곳에서 자라지만, 맑고 향기로운 꽃으로 세속에 물들지 않은 군자의 모습에 비유된다. 그리고 탐스런 꽃과 풍성한 연밥은 자손의 번창과 가정의 평화를 상징한다. 연꽃은 십장생의 요소가 아니다. 그런데도 십장생굴뚝에는 연꽃이 소나무와 더불어 가장 커다랗게 묘사되어 있다. 아마도 연꽃의 덕성을 강조하려는 의지가 반영된 것으로 보인다.

연꽃은 국가와 종교를 뛰어넘어 많은 민족에게 사랑받는 꽃이다. 인도·스리랑카·베트남에선 국화國花로 지정되었으며, 불교·유교·도교에서도 연꽃은 신성한 꽃으로 취급된다. 세계 어디서나 연꽃은 '생명의 탄생'을 상징한다. 특히 불교에서는 부처의 탄생을 세상에 알리기 위해 미리 연꽃을 피웠다고 전하며, 극락에서 환생할 때도 연꽃 속에서 태어난다고 하여 불교를 상징하는 꽃이 되었다. 또한 연꽃의 강한 생명력과 풍성한 연밥 때문에 민간신앙에서는 연생귀자連生貴子라는 말이 있는데, 이는 자손번창을 기원하는 의미이다.

◈ 국가별 연꽃의 의미

인도	생명 창조, 생식, 다산
중국	생명 창조, 생식, 번영
이집트	탄생, 재생
그리스 신화	헤라와 제우스의 사랑의 침대

1970년 강화도 최항[26]의 무덤에서 13세기 고려자기의 진수를 간직하고 있는 청자진사연화문표형주자가 출토되었다. 표주박 모양의 몸통 표면은 연잎 장식이 둘러싸고 있으며, 마개는 연꽃 봉오리 모양을 하고 있다. 잘록한 목 부분은 연꽃을 품에 안고 있는 동자와 연잎으로 장식하여 한껏 멋을 내었다. 고려인들의 연꽃사랑이 예술로 승화된 작품이라 할 수 있다.

청자동화연화문표형주자

(국보 제133호) / 출처 : 문화재청

---

26) 최항(崔沆, ?∼1257) 고려 무신집권기를 평정한 최충헌의 손자이자, 최우의 아들. 최항이 죽은 이듬해 아들 최의가 살해되면서, 60년에 걸친 최씨정권이 막을 내리고 원종(元宗)이 원나라에 항복의사를 전한다. 최항의 무덤에서 출토된 청자동화연화문표형주자(靑磁銅畵蓮花文瓢形注子)는 고려 장인의 우수성뿐만 아니라, 몽고와의 전쟁 시기 상류층의 사치와 향락의 단면을 보여주고 있다. 이 작품은 일본에 밀반출 되었던 것을 삼성그룹 이병철 회장이 오사카시립박물관에서 시행한 경매를 통해 매입한 것이라고 한다.

송나라 유학자 주돈이[27]는 애련설愛蓮說에서 연꽃을 군자에 비유하였으며, 자신도 군자의 속성을 간직한 연꽃을 좋아한다고 밝혔다. 이 발언은 고고한 성품의 군자를 지향하는 중국과 조선의 많은 선비들에게 지대한 영향을 끼쳤다. 특히 정자나 연못에 그 의미가 많이 등장하는데, 이는 일상 속에서도 연꽃의 덕목을 향유하고자 하였기 때문이다. 경복궁에 적용된 상징 중에서도 가장 많이 등장하는 소재가 연꽃이다.

◈ 연꽃 이름의 누정

애련정(愛蓮亭)	창덕궁 애련지 북단에 걸쳐있는 정자
애련헌(愛蓮軒)	남계서원 양정재 남단에 딸린 한 칸 규모의 누정건물
향원정(香遠亭)	경복궁 향원지(香遠池) 중앙의 섬에 있는 정자 향원 - 香遠益淸(연꽃의 향기는 멀어질수록 더욱 맑다) 주돈이 「애련설」 중
하향정(荷香亭)	연꽃 향기가 가득한 정자 경회루 연못 북단에 걸쳐있는 정자 1959년 이승만 대통령의 지시로 건립
부용정(芙蓉亭)	창덕궁 부용지에 있는 정자
추수부용루 秋水芙蓉樓	건청궁 장안당의 누정 秋水芙蓉樓 - 가을 연못 속의 연꽃
사시향루 四時香樓	건청궁 곤녕합의 누정 四時香樓 - 연꽃 향기가 사계절 끊임없이 풍긴다.

추수부용루秋水芙蓉樓는 장안당에 딸린 누정건물이다. 추수부용루 건너편에는 향원지와 향원정香遠亭을 배치하여 언제든지 편안한 마음으로 감상할 수 있도록 하였다. 추수부용루는 향원정과 어우러졌을 때, 그 의미와 운치가 더욱 조화를 이룬다. 추수부용루에 앉아 전방에 우뚝 선 향원정을 보고 있으면, 연꽃 향기 가득한 진풍경이 눈앞에 펼쳐진다.

---

27) 주돈이(周敦頤, 1017~1073) 중국 북송의 유학자·문학가. 호는 염계(濂溪). 도교와 불교의 주요 인식과 개념을 수용하여 우주의 원리와 인성에 관한 형이상학적 신유학 이론을 개척하였다. 특히 「애련설」이라는 시에서 연꽃이 간직하고 있는 군자의 속성을 나열하고, 연꽃을 가장 좋아한다는 주돈이의 '연꽃愛蓮찬'은 후대의 많은 지성인들에게 연꽃을 더욱 선호하게 하는 계기가 되었다.

향원지에 있는 정자(향원정)와 다리(취향교) 역시 연꽃과 관련이 있다. 모두 이곳이 연꽃과 같이 깨끗하고 성스러운 공간임을 의미한다. 나아가 국가와 가정이 평안하고 번창하기를 바라는 염원이 담겨있는 것이다.

향원정(香遠亭) — 연꽃향기는 멀어질수록 더욱 맑다.
취향교(醉香橋) — 연꽃향기에 취하는 다리.

향원정

향원정과 취향교 / 출처 : 조선고적도보

하향정荷香亭은 1959년 이승만 대통령의 지시로 경회루 연못 북단에 건축한 정자이다. 하향정은 '연못 향기가 가득한 정자'란 의미이다. 문화재청은 경복궁 복원과 보존의 기준을 경복궁의 중건이 완료된 1888년으로 명시하고 있다. 그래서 2014년엔 시민단체인 문화재제자리찾기(대표 혜문 스님)의 요청으로 하향정 철거에 대한 행정소송이 제기되기도 하였다.

경회루 하향정

하향정 그래픽

건청궁에서 장안당과 곤녕합은 각각 왕과 왕비의 거처이다. 각 전각의 측면에는 자연을 감상하며 즐길 수 있는 누정이 하나씩 연결되어 있다. 장안당엔 추수부용루가 있고, 곤녕합엔 옥호루가 있다.

건청궁 장안당

장안당 추수부용루

옥호루 처마의 측면에는 사시향루 현판이 걸려있고, 전면 기둥에는 쌍궐서연농함담이란 주련이 선명하다. 이 문구들은 모두 옥호루 일곽이 사시사철 연꽃 향기 가득한 상서로운 공간임을 묘사하고 있다.

사시향루(四時香樓) – 연꽃 향기가 사계절 끊임없이 풍긴다.
쌍궐서연농함담(雙闕瑞煙籠菡萏) – 대궐의 상서로운 연무가 연꽃을 감싼다.

곤녕합 옥호루

옥호루 사시향루

교태전 아미산에 있는 물확은 겉표면을 연꽃으로 볼륨감있게 치장하여 탐스러운 연꽃을 닮았다. 함화당 담장 밖에 있는 물확은 장방형으로 간명하고 단정한 모양이지만, 전면에 하지(荷池)라는 문구를 새겨 '연꽃이 있는 연못' 임을 밝히고 있다.

교태전 물확

함화당 물확(荷池)

창덕궁 후원에는 연꽃과 관련된 연못과 정자가 두 군데 있다. 부용지의 부용정芙蓉亭과 애련지의 애련정愛蓮亭이 그것이다. 이들은 모두 연못가에 위치하여 두 다리를 연못에 담그고 있는 모양새를 하고 있다. 특히 규장각 앞의 부용정은 수원 화성에 있는 방화수류정 만큼이나 화려하고 정교한 건축미가 일품이다. 반면 애련정은 사각기둥의 단순한 구조이지만 간결하면서도 절제미가 돋보인다. 두 정자 모두 연꽃을 상징하고 있다.

창덕궁 부용정

창덕궁 애련정

　부처가 룸비니 동산에서 태어나 동서남북 사방으로 일곱 발자국씩 걸을 때마다 땅에서 연꽃이 솟아올라 어린 부처를 떠받들었다고 한다. 그래서 불교에서는 특히 연꽃을 신성시 한다. 사찰 장식에 가장 많이 등장하는 장식이 연꽃이다. 불단·불화·천장·문살·공포·탑·부도·기와 어디서나 연꽃을 볼 수 있다. 유교건축인 경복궁에도 사찰 못지않게 연꽃 문양과 장식이 많이 등장한다.

◈ 연꽃과 관련된 불교 용어

연화좌(蓮華座) 연화대(蓮花臺)	불상을 안치하는 대좌(臺座)
연화의(蓮華衣)	스님이 입는 가사(袈裟)
연화화생 (蓮華化生)	불교에서 부처의 지혜를 믿는 사람이 서방정토에 왕생할 때 연꽃 속에서 다시 태어난다는 의미
연화장세계 (蓮華藏世界)	불교에서 그리는 세계의 모습으로 연꽃 속에 담겨 있는 세계
묘법연화경 (妙法蓮華經)	경전의 결백하고 미묘함을 연꽃에 비유한 불경

　정조는 아버지 사도세자의 묘역을 꽃의 천국으로 만들었다. 주산이 화산花山이므로 꽃을 많이 심게 하였으며,[28] 주위 산들이 묘역을 꽃봉오리처럼 에워싸고 있어 화심형花心形의 풍수명당이라고 명명하였다.[29] 그리고 병풍석·장명등·망주석 등 주요 석물들을 연꽃으로 장식하여 비운에 간 아버지가 극락세계에서 연화화생蓮華化生하기를 기원하였다.

사도세자 융릉

연꽃 인석(引石)

---

28) 『정조실록』 1789년(정조 13) 10월 7일 기미.

29) 『정조실록』 1794년(정조 18) 1월 15일 계묘.

궁궐은 월대나 다리石橋의 가장자리에 돌난간石欄杆을 설치하여 건물의 위엄을 갖추고 추락을 예방한다. 돌난간은 동자기둥으로 받침대를 세우고 그 위에 팔각형 모양의 돌란대를 얹어 완성하는데, 동자기둥은 보통 연꽃으로 장식한 하엽동자기둥荷葉童子柱을 사용한다. 경복궁의 영제교는 양 끝단 엄지기둥의 법수法首를 연화보주30)로 장식하여 더욱 화려한 모양을 하고 있다.

영제교 연꽃받침

영제교 하엽동자기둥

근정전 월대 모서리에 조각된 서수는 연꽃으로 장식된 대좌 위에 놓여 있다. 규모와 모양은 다르지만 광화문 앞 해치나 영제교의 서수 받침대와 유사한 형태의 연화대좌蓮花臺座이다.

근정전 월대

월대 해치 연꽃대좌

광화문과 신무문 계단의 엄지기둥 위에는 정교한 솜씨로 제작된 연잎과 연꽃이 놓여 있다. 특히 광화문의 연꽃은 반쯤 개화한 모양을 하고 있는 반면, 신무문의 연꽃은 아직 개화하지 않은

---

30) 연화보주(蓮花寶珠) : 연꽃과 구슬 문양을 조합해 만든 장식.

꽃봉오리 형태를 하고 있어 대조를 보인다.

광화문 법수

연꽃 법수

신무문 계단

연꽃 법수

　옛사람들은 경전에 나오는 좋은 글귀나 명언을 얇은 판자에 새겨 다른 사람과 그 의미를 공유하였다. 이 기다란 판자를 기둥마다 연이어 걸었다는 뜻에서 주련柱聯이라고 부른다. 주련은 세로의 얇은 판자에 글자만을 새기는 것이 일반적이다. 하지만 주련의 상하에 연꽃이나 특정문양으로 장식하여 멋을 부리는 경우도 있다. 경복궁 행랑의 기둥에 있는 주련은 상부는 녹색의 하엽荷葉으로 장식하고, 하부는 붉은색의 연꽃으로 화려하게 장식하였다.

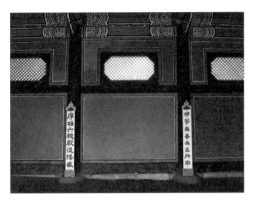

근정전 행랑 주련

주련의 연꽃문양

툇마루나 누마루에는 추락을 방지하고 장식성을 높이기 위해 마루 가장자리에 적당한 높이의 난간을 두른다. 난간의 윗부분은 가로로 길게 난간대를 두르고, 난간대를 지지하는 부재는 하엽(연잎)모양으로 조각하여 장식한다. 경복궁에서 난간의 하엽장식은 교태전·장안당·곤녕합·경회루·향원정·팔우정·협길당·함화당·집경당 등에서 확인할 수 있다.

교태전 난간

난간과 하엽동자

교태전과 장안당의 난간은 각각 건물과 동일한 색상으로 처리하여 건물과 난간이 일체감을 갖도록 하였다.

장안당 난간

난간과 하엽동자

연화문은 단청문양으로 가장 많이 등장하는 소재이다. 연꽃 자체의 순결하고 청정한 이미지와 화려한 장식효과 때문이다. 사찰과 마찬가지로 경복궁도 서까래와 천정은 대부분 연꽃 문양으로 장식하였다.

흥례문 행각

행각 서까래

우리나라에서 가장 규모가 큰 누각건축인 경회루는 천정을 비롯하여 처마·계단·난간·엄지기둥을 모두 연꽃으로 장식하였다. 그 모습이 마치 불교의 연화세계蓮花世界를 방불케 한다.

경회루 1층

천정 연꽃문양

　연꽃 문양은 바라보는 시점에 따라 평면과 입면으로 구분한다. 천정이나 서까래는 주로 연꽃의 평면 문양으로 묘사하고, 석탑의 기단이나 부처를 모신 대좌는 연잎의 입면 문양이 주를 이룬다. 이때 연잎이 위로 향하는 문양을 앙련仰蓮이라 하고, 아래로 향하는 문양을 복련覆蓮이라고 한다. 집옥재는 월대 상하부에 앙련과 복련을 장식하여, 건물의 위계를 더욱 강조하였다.

집옥재 월대

월대의 앙련과 복련

　집옥재 전면의 목조기둥 위에도 연꽃이 장식되어 있다. 하부에는 연잎을, 상부에는 연꽃을 묘사하여 마치 한 송이 연꽃처럼 처리하였다. 그런데 이러한 처리 방식은 우리의 전통 한옥에서는 좀처럼 볼 수 없는 것이어서 주목된다.

집옥재

목가구 연꽃문양

광화문 앞에 있는 해치는 앙련과 복련으로 장식된 연꽃 대좌 위에 놓여 있다. 집옥재 월대의 앙련은 오목하게 처리하여 날렵한 느낌을 주는 반면에 해치 대좌의 앙련은 볼록하게 처리하여 볼륨감이 돋보인다. 근정전 용상의 기단 역시 해치 대좌와 마찬가지로 앙련과 복련으로 구성되어 있다.

광화문 해치

대좌(臺座)의 앙련과 복련

(6) 학

◆ 학의 상징	
학	장수, 고결, 희소식, 평화
학 + 소나무	장수
학 + 태양	기쁜 소식
학 + 구름	상서로운 분위기
학 + 파도	벼슬 (파도는 朝廷의 의미)

학은 십장생 중에서 유일하게 자연계에 실재하는 날짐승이다. 학은 고고한 자태와 흑백의 간결하고 담백한 색상 때문에 신비스럽고 숭고한 기품을 상징한다. 이러한 이미지는 선비들이 지향하는 이상과 닮아, 선비들은 학의 이미지를 본떠 만든 학창의鶴氅衣를 즐겨 입었다. 『삼국지』에서 제갈량은 갑옷대신 학창의에 윤건을 쓰고 백우선을 부치며 살육과 폭력이 난무하는 전장을 지휘한다. 이는 학의 이미지를 활용하여 인품과 지략을 겸비한 인물로 부각시키고자 하는 의도로 보인다. 조선왕조는 이러한 이미지에 근거하여 문관 관리의 흉배를 학문양으로 장식하였다.

박문수 초상 / 출처 : 문화재청

학 문양 흉배(보물 제1189-1호)

효명세자는 학의 청아하고 검소한 이미지를 닮고자 노력한 인물로 알려져 있다. 그는 조선후기 안동김씨 세도정치기에 부왕(순조)의 명을 받아 대리청정을 하던 중 22세의 젊은 나이에 요절한 비운의 왕세자이다. 어려서부터 품행이 방정하고 총명하여 세인의 기대를 모았던 효명세자는 검소하고 사치를 싫어하여 자신이 거처하는 연영합延英閤에 단청도 하지 않았다. 그리고 자신의 호號를 학석鶴石이라 명명하고 마당에 학과 괴석을 두었으며, 부속건물을 학금鶴禁과 학몽합鶴夢閤이라 하였다. 효명세자 당시 제작된 동궐도에 연영합의 전경이 문헌의 내용과 동일하게 묘사되어 있어 더욱 흥미롭다.

창덕궁 연영합

연영합의 학과 괴석

신선사상을 기반으로 하는 도가에서는 학이 천년이 지나면 푸른색을 띠는 청학으로 변하고, 다시 천년이 지나면 검은색으로 변하는 불사조가 된다고 믿었다. 그래서 회갑연 병풍이나 장롱·도자기·베개·이불 등 생활용품에 학을 장식하여 장수를 기원하였다.

청자상감운학문매병青瓷象嵌雲鶴紋梅瓶은 학문양을 주제로 제작된 고려청자의 걸작이다. 한때 주인이었던 일본인 마에다 사이이치로는 도자기 속에 있는 69마리의 학을 유심히 보고 있으면 마치 수천마리의 학이 창공을 날고 있는 것처럼 보인다 하여 천학매병千鶴梅瓶이란 별칭으로 불렀다. 다행히 조선총독부에서 고가로 매입하려던 것을 간송 전형필이 훨씬 높은 금액을 제시하여 문화재 유출을 막았다고 한다.

청자상감운학문매병

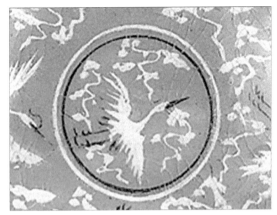

(국보 제68호) / 출처 : 문화재청

소나무 그림에 학을 등장시키면 장수에 대한 의미가 더욱 강조된다. 이러한 그림을 학수송령도
鶴壽松齡圖라고 하며, 송수천년松壽千年·학수만년鶴壽萬年의 의미가 있다고 한다. 학수송령(鶴壽松齡
: 학이나 소나무처럼 오래 산다)과 관련하여 임진왜란의 원흉 토요토미 히데요시[31]에게 재미있는 일
화가 전한다. 히데요시는 38세에 첫째 아들을 낳았지만 3세만에 요절하였고, 53세의 늦은 나이에
주군으로 모셨던 오다 노부나가의 장녀 요도도노와의 사이에서 고대하던 아들을 얻었다. 히데요
시는 너무 기뻐서 늦둥이 아들을 생후 4개월 만에 후계자로 지명하고, 장생불사를 염원하여 쓰루
마츠鶴松란 이름을 지어 주었다. 히데요시는 아들이 학과 소나무처럼 장수하여 가문을 빛내 줄 것
을 기원하였으나, 안타깝게도 쓰루마츠는 임진왜란이 일어나기 9개월 전 3세의 나이에 요절하고
말았다.[32] 이는 결국 부하이자 정적이었던 도쿠가와 이에야쓰[33]에게 가문이 멸문당하는 단초가

---

31) 도요토미 히데요시(豊臣秀吉, 1536~1598) 일본의 무장·정치가. 시골의 미천한 신분이었으나, 오다 노부나가(織
   田信長)의 휘하에서 두각을 나타내어 중용되었다. 오다 노부나가 사후에는 일본을 통일하고 임진왜란을 일으켰
   다. 장남이 3세에 요절하자, 조카 히데쓰구를 후계자로 지명하였다. 그러나 임진왜란 중에 차남 히데요리(羽柴秀
   賴)가 태어나자 조카 히데쓰구를 자진시키는 등, 혼란 국면 속에서 히데요시가 사망하고 임진왜란이 종결된다.

32) 첫째 아들의 이름은 이시마쓰마루(石松丸)이다. 첫째 아들 이름에는 십장생 중에서 돌과 소나무를 취했고, 둘째
   아들 이름에는 학과 소나무를 취해서 장수하기를 바랐으나, 모두 3세로 단명하고 말았던 것이다.

33) 도쿠가와 이에야스(德川家康, 1542~1516) 에도막부의 초대 쇼군이다. 임진왜란 중에 도요토미 히데요시가 사망
   하자 이를 비밀에 부치고, 조선으로부터 철병한 후 정국을 조용히 매듭지었다. 이후 두 차례의 오사카(大阪) 출
   진에 의해 주군으로 모셨던 도요토미 가문을 멸망시키고 전국의 패권을 쥐었으며, 이를 기반으로 에도막부 시대
   를 열었다. 이후 에도막부는 메이지 유신까지 15대(약 260년)에 걸쳐 평화로운 시대가 이어졌다.

되었으니 역사의 아이러니라 할 수 있겠다.

왕비의 침전인 교태전 대청은 정면 3칸의 마루 공간이다. 각 칸에는 4짝 분합문이 달려 있는데, 문 표면을 십장생 그림으로 장식하여 문을 닫으면 마치 12폭 십장생병풍처럼 보인다. 이 그림은 소나무와 학을 유난히 강조하여 멀리서도 식별이 가능할 정도이다.

교태전 대청 / 출처 : 문화재청

병풍 속 학

김홍도 역시 낙향한 선비의 평화스러운 시골 풍경을 묘사하기 위해 학을 등장시킨 사례가 있다. 1800년 여름 정조가 갑작스럽게 승하하자, 11살의 어린 순조가 즉위하였다. 이듬해 11월 순조는 온몸에 발진이 돋는 홍역 증세를 보여 궁중이 발칵 뒤집혔다.[34] 수렴청정 중이던 대왕대비 정순왕후를 비롯하여 대신과 의원들의 지극정성으로 순조는 4일 만에 증세가 호전되었다.[35] 정순왕후는 신하들과 기쁨을 나누기 위해, 치료에 공이 있는 약방 도제조 이병모李秉模를 비롯한 관련자들에게 벼슬과 상을 내리고,[36] 인정전에서 진하연進賀宴을 베풀었다.[37]

그리고 대신들에게 그림을 한 폭씩 나누어 주었는데, 이 중에서 김홍도의 작품인 삼공불환도三

---

34) 『순조실록』 1801년(순조 1) 11월 19일 임진.

35) 『순조실록』 1801년(순조 1) 11월 22일 을미.

36) 『순조실록』 1801년(순조 1) 12월 1일 계묘.

37) 『순조실록』 1801년(순조 1) 12월 10일 임자.

公不換圖 1점이 현전한다. 삼공불환이란 '자연 속에서의 은일한 삶을 영의정·좌의정·우의정과 같은 삼공의 높은 벼슬과도 바꾸지 않겠다.'는 뜻이다. 삼공불환도는 웅장한 산과 바위를 배경으로 기와집 안팎의 풍경을 원근의 이원적 구도로 그려낸 산수인물화이다. 기와집은 속세를 떠난 선비의 전원생활을 근경의 부감법으로 상세하게 그렸으며, 왼편 담장너머로는 평화로운 농가의 일상을 원경으로 묘사하였다. 그리고 담장 안은 사대부가의 다양한 생활 모습을 서정적이고 사실적으로 표현하였다. 그림의 주제는 중장통[38]의 낙지론[39]을 참고하였으며, 주택의 구도와 내용은 곽분양향락도郭汾陽享樂圖[40]를 따르고, 풍경과 사람은 조선의 산하를 담았다.

집안에는 독서하고, 거문고 타고, 환담하고, 그네 타는 사람이 있으며, 집밖에는 농사짓고, 낚시하고, 음식 나르는 사람이 각자의 일에 열중하고 있다. 그리고 집안의 여기저기에는 닭·강아지·오리·소·말·사슴들이 한가롭게 노닐고 있다. 화면의 중심인 사랑채 마당에는 한가롭게 노니는 학 두 마리를 배치하여 신성하고 평화로운 모습을 더욱 극대화 하였다. 화면의 대각선 구도와 과장되게 힘찬 터치는 16~17세기 절파계浙派系 화풍의 전형적인 특징을 보이고 있다.

삼공불환도 / 출처 : 한국데이터진흥원

사랑채 마당의 학

---

38) 중장통(仲長統, 179~220), 후한말의 지조있는 선비로서 초야에 은거하였다. 순욱(筍彧)의 천거로 잠시 조조(曹操)를 섬기다가 조조와 같은 해에 사망하였다.

39) 낙지론(樂志論) : 중장통(仲長統)이 속세를 벗어나 자연 속에서 안분지족(安分知足)하는 선비의 삶을 노래한 시이다.

40) 당나라의 분양왕을 지낸 곽자의의 연회 장면을 그린 것으로, 부귀영화와 장수를 모두 갖춘 이의 삶을 상징하는 그림이다.

학은 대체적으로 장수·고결·희소식·평화를 상징한다. 따라서 학의 이미지는 사군자나 소나무처럼 개성이 강한 투사형 선비라기보다, 온화하고 기품있는 신사형 선비에 가깝다고 할 수 있다.

◆ 학과 관련된 고사성어

학수송령 鶴壽松齡	학과 소나무처럼 장수하기를 기원
학수고대 鶴首苦待	학처럼 목을 길게 빼고 기다린다는 뜻
군계일학 群鷄一鶴 학립계군 鶴立鷄群	평범한 사람들 가운데 뛰어난 한 사람이 섞여있다는 뜻
학명지사 鶴名志士	재능과 명망은 있으나 관직을 피하고 은둔하는 사람
학발동안 鶴髮童顔	머리털은 하얗게 세었으나 얼굴은 어린아이와 같다는 뜻

왕비의 거처인 교태전의 아미산 굴뚝에 있는 학은 왕비의 고귀함을 상징하고, 아울러 왕비의 장수를 기원한다.

교태전 굴뚝

학(鶴)

(7) 거북

◈ 거북의 상징

장수, 신성, 예언

권위, 위엄, 북쪽 방위 신

거북은 수명이 길고 물과 육지에서 사는 특성으로 신성시 되었으며, 용 및 봉황과 함께 제왕의 출현을 암시하는 영물靈物로 여겼다. 하지만 거북은 용이나 봉황과 달리 자연계에 실재하는 동물이다. 고대 중국에서는 거북의 등딱지를 태워 갈라지는 모양을 가지고 앞날의 길흉과 운세를 판단하는 점을 보기도 하였다. 전설에 의하면 하나라 우왕禹王 때 낙수洛水에서 출현한 거북의 등에 새겨진 45개의 점을 통해 『주역』 이론의 기반을 이루었다고도 한다.

동양문화에서 거북은 천문이론의 영향으로 동서남북 중 북쪽 방위를 보호하는 신령스런 동물로 알려져 있다. 그래서 무덤이나 건물의 북쪽에 현무를 배치하여 나쁜 기운의 침입으로부터 보호하고자 하였다.

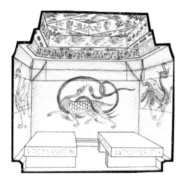

강서대묘 묘실 투시도

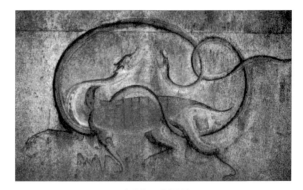

강서대묘 현무[41]

---

41) 김리나, 『고구려고분벽화』, 문화재청, 2005, p.62.

　근정전 북측 상월대 계단에는 거북 한 쌍이 놓여있다. 이는 풍수의 사신사 중 현무를 의미한다. 그리고 하월대 계단에는 12지신 중 북쪽을 상징하는 쥐 한 쌍이 전면을 응시하고 있다. 즉 사신사와 12지신 중 북쪽을 상징하는 신수神獸들이 근정전 뒤쪽을 든든하게 지키고 있다.

근정전 현무

근정전 현무

　신무문神武門은 경복궁의 북문이며, 신무神武는 '신령스런 거북'이라는 의미이다. 신무문 통로의 천장에는 현무 그림을 장식하여 북쪽을 통해 침입하는 나쁜 기운을 막고, 좋은 기운을 받아들이고자 하였다.

신무문(神武門)

현무(玄武)

　거북모양의 돌비석 받침돌을 귀부龜趺라고 한다. 귀부는 당나라에서 사용하기 시작하였으며, 우리나라에는 통일신라 때 도입되었다. 현존하는 귀부 중 가장 오래 된 것은 태종무열왕릉비(661년) 귀부이다. 경주 서악동에 있는 태종무열왕릉비는 비신碑身은 없어지고 귀부龜趺와 이수螭首만남았지만 학술적·예술적 가치가 뛰어나 국보 제25호로 지정되었다. 특히 귀부의 거북은 머리를 앞으로 내밀고 입을 꾹 다문 채 눈을 부라리며, 천년이 지난 지금도 사실적이고 생동감 넘치는 모습을 유지하고 있다.[42]

태종무열왕릉비

국보 제25호

조선시대 왕이 사용하던 인장印章을 어새御璽라 하고, 국권의 상징으로 국가적 문서에 사용하는 것을 국새國璽라 한다. 어새나 국새의 손잡이 장식에 사용된 거북은 왕과 국가의 권위와 위엄 그리고 영원성을 나타낸다. 그래서 이들 손잡이에 거북을 장식하여 조선왕조의 번영과 안녕이 장구하게 이어지기를 기원하였다.

고종 황제어새(보물 제1618-1호)
출처 : 문화재청

국새 유서지보(보물 제1618-3호)
출처 : 문화재청

---

42) 태종무열왕 김춘추(金春秋, 603~661)는 661년에 사망하였으므로, 태종무열왕릉비는 1350년이 넘은 것이다.

문방구·자수·십장생도 등 각종 생활용품과 건축물 장식에 사용된 거북은 대부분 장수를 상징한다. 그래서 여성이나 어른이 거주하는 담이나 창호에 귀갑문龜甲文을 장식하여 무병장수의 염원을 담기도 하였다.

자경전 꽃담

거북문양

자경전과 교태전 일곽의 꽃담에는 거북 등껍질 모양의 귀갑문양龜甲紋樣이 많이 장식되어 있는데, 귀갑문양은 대비와 왕비에 대한 만수무강을 상징한다. 십장생도에 등장하는 거북 중에서 입으로 서기瑞氣를 내뿜고 있는 것은 신비스러움과 상서로운 징후를 강조하는 것이다.

교태전 꽃담

거북문양

경남 산청 남사리에 있는 최씨고가 대문에는 잠금장치를 거북모양으로 만들었다. 문에 장식된 거북은 문을 통해 들어오는 나쁜 기운을 막고, 좋은 기운을 받아들이는 추길피흉追吉避凶의 염원이 담긴 것이다.

산청 남사리 최씨고가

최씨고가 거북모양

(8) 사슴

◈ 사슴의 상징

권력, 장수, 영생, 신령스러움

우애, 화목, 복록

사슴은 뿔의 독특한 생김새 때문에 왕권을 상징한다. 그리고 사슴을 뜻하는 한자어 록鹿이 권력을 의미하는 록祿과 발음이 동일하여 벼슬이나 재물을 상징하기도 한다. 옛날에는 관원들에게 지급하던 급여를 녹봉祿俸이라 하였으며, 봉록俸祿 또는 식록食祿이라고도 하였다.

옛사람들은 상상의 동물인 용·봉황·기린을 신령스런 동물로 인식하였다. 그리고 이 동물들의 신성성을 더욱 고취시키기 위해 신체의 중요 부위를 사슴의 특징으로 대체하였다. 용의 뿔과 봉황의 머리와 기린의 몸은 모두 사슴 신체의 일부를 차용한 것이다.

용의 뿔 (신라왕관)	봉황의 머리	기린의 몸
사슴의 뿔	사슴의 머리	사슴의 몸

경주의 황남대총과 금관총에서 출토된 왕관들은 모두 힘차고 아름다운 사슴의 뿔 형상을 하고 있다. 신라에서는 이미 사슴의 뿔이 왕권과 권력의 상징으로 통용되고 있었던 것이다.

황남대총 금관(국보 제191호)
출처 : 문화재청

금관총 금관(국보 제87호)
출처 : 문화재청

경복궁의 4대문은 건춘문·영추문·광화문·신무문이며, 각 문루 천정에는 청룡·백호·주작·현무 그림이 그려져 있음은 앞에서도 언급한 바 있다. 정문인 광화문은 출입문이 3개이다. 천정의 그림 또한 3개가 있는데, 중앙의 그림은 주작이며, 동쪽은 기린, 서쪽은 현무이다.

광화문

동쪽 출입구 기린

사슴은 신선의 벗으로서 성인聖人이나 도인道人과 같이 어진 품성을 갖춘 것으로 인식되었다. 이규보는 『동국이상국집』 「동명왕편東明王篇」에서 사슴을 천상과 지상을 매개하는 영적인 동물도 그렸다.[43]

도교에서 사슴은 불로장수를 의미한다. 특히 흰사슴은 천년에 한 마리씩 나오는 영물靈物이라 고 하여 더욱 귀하게 여겼다. 도교전설에 의하면 불로장생하는 신선들은 삼신산三神山, 즉 봉래 산·방장산·영주산에 거주한다고 한다. 우리나라도 신선사상 개념을 한반도에 투영시켜 금강산봉 래산·지리산방장산·한라산영주산을 삼신산이라고 한다.

지리산 일출

지리산 천왕봉

---

43) 『동국이상국집』 「동명왕편」 海東解慕漱 眞是天之子 初從空中下 身乘五龍軌 從者百餘人 騎鵠紛襂襹.

한라산 정상에 있는 백록담白鹿潭은 이름에서부터 흰사슴과의 관련성을 읽을 수 있다. 그래서 인지 백록담 설화는 대부분 흰사슴과 관련된 것들이다. 신선들이 하늘에서 흰사슴을 타고 내려와 백록주白鹿酒를 마시며 놀았다고도 하며, 흰사슴들이 물을 마시며 놀았다고도 한다.

경주에 있는 안압지는 문무왕이 태자를 위해 동궁 일원에 조성한 원지苑池이다. 안압지란 말은 조선시대 『동국여지승람』에 처음 등장한다.[44] 『삼국사기』에 의하면 안압지의 구성에는 도가사상 이 영향을 주었는데, 신선이 머무는 신비스런 환경을 조성하기 위해 기화요초琪花瑤草를 심고 진 귀한 새와 짐승을 길렀다고 한다.[45] 그런데 1975년 안압지 발굴조사에서 사슴의 뼈가 발견되었 다. 기록의 내용이 사실로 확인된 것이다.

안압지 정면

안압지 측면

수사슴의 뿔은 다 자라면 주기적으로 떨어졌다 재생되기를 반복하기 때문에 장수와 영생을 상 징한다. 갈홍은 『포박자』에서 '사슴은 천년을 사는데 오백 세가 지나면 하얀색으로 변한다.'[46]고 하였으며, 『시문유취후집事文類聚後集』은 '사슴은 천년이 지나면 창록蒼鹿이 되고, 백년을 더 살면 백록白鹿이 되며, 오백 년을 더 살면 현록玄鹿이 된다.'고 하였다. 그리고 우리나라에서는 천 살이 된 사슴은 청록靑鹿, 이천 살이 된 사슴은 흑록黑鹿이라고 하는데, 특히 흑록을 얻으면 불로장생한 다고 전한다. 모두가 사슴의 장수에 대한 상징적 표현들이다.

44) 『동국여지승람』 天柱寺在月城西北 俗傳炤智王射琴匣而倒乃是寺僧也 其北有雁鴨池.

45) 『삼국사기』 674년(문무왕 14) 宮内穿池 造山種花草 養珍禽奇獸

46) 갈홍(葛洪, 284~364), 『抱朴子』 鹿壽千歲 滿五百歲則其色白.

경복궁 북동쪽에는 주위 경관과 잘 어우러진 향원지가 있고, 향원지 북쪽에 인접하여 건청궁乾淸宮이 있다. 건청궁과 향원지를 동쪽에서 감싸고 있는 나지막한 동산이 녹산鹿山인데, 동물 애호가였던 성종이 이곳에 사슴을 놓아길러서 붙여진 이름이다. 녹산으로 가려면 '기린이 노니는 문'이란 의미의 인유문麟遊門을 통과해야 한다. 사슴을 기린에 비유한 것으로 멋진 이름이다.

녹산과 인유문

인유문(麟遊門)

◆ 성종과 사슴

성종 1	1470. 8. 25	후원에 있는 노루와 사슴을 경릉에 방목하도록 하다.
성종 5	1474. 5. 16	후원의 흰 사슴을 백악산에 놓아 주도록 했다.

어느 날 성종이 세자(연산군)와 함께 녹산을 거닐고 있을 때, 사슴 한 마리가 다가와 연산군의 손등을 핥았는데, 깜짝 놀란 세자가 사슴에게 발길질을 했다고 한다. 그러자 성종은 연산군의 무모한 행동을 꾸짖었고, 앙심을 품은 연산군은 즉위하자마자 그 사슴을 활로 쏴 죽이고 구워먹어 버렸다고 한다.[47] 그래서인지 연산군은 사슴 사냥을 즐겼으며, 사슴의 꼬리와 혀로 만든 요리를 유난히 좋아하였다.

---

47) 『연산군일기』 1506년 7. 10, 『연려실기술』 「연산조 고사본말」.

항원정과 녹산 / 출처 : 다음지도

녹산(鹿山)

◈ 연산군과 사슴

연산군 3	1497. 7. 28	각도 감사에게 유시하여 식물(食物)을 치료할 수 있는 녹미설(鹿尾舌)을 계속 봉진(封進)하게 하였다.
연산군 10	1504. 10. 15	무릇 진공(進供)하는 물건은 그 즉시 봉진(封進)하여 부패하지 않도록 하고, 녹미(鹿尾)는 모름지기 꼬리가 있는 것으로 봉진하도록 하라.
연산군 11	1505. 8. 2	사슴 꼬리와 혀를 봉진하며 수효를 쓰지 않은 함경도 관찰사 박건을 국문하게 하다.
연산군 12	1506. 7. 10	연산군은 성종의 초상 때 후원(後苑)에서 부왕이 기르던 사슴을 사살하여 구어 먹었다.

십장생굴뚝에는 잘생긴 소나무 옆에 사슴 세 마리가 있다. 우측 상단에 수사슴이 있고, 좌측 하단에 암사슴과 어린 사슴이 있어 한 가족으로 보이는데, 어린 사슴이 불로초를 입에 물고 있다. 사슴이 소나무와 함께 등장하면 장수를 상징하며, 불로초를 물고 있으면 화목한 가정을 의미한다. 이 장면만으로도 한 폭의 그림이 완성된다.

자경전 십장생굴뚝

사슴과 불로초

교태전과 자경전 일곽에는 소나무와 사슴 그림이 유난히 많다. 아마도 대비와 왕비를 중심으로 왕실과 국가가 화목하고, 영원히 번창하기를 바라는 마음이 담겨 있는 것 같다.

교태전 굴뚝

사슴과 불로초

(9) 불로초

◈ 불로초의 상징

영지	장수
영지 + 대나무 영지 + 소나무	장수 의미 강조

불로초는 먹으면 늙지 않는다는 상상 속의 약초이다. 자연계에서는 해독·항균·신경쇠약·불면증·면역강화 등에 효과가 있는 영지를 불로초라고 부른다. 중국의 약물서藥物書[48]에 의하면 영지

---

48) 『神農本草經』 久食 輕身不老 延年神仙.

를 꾸준히 복용하면 '몸이 가벼워지고 노화가 늦어져 신선처럼 오래 살게 된다'고 한다.

중국의 문헌에 의하면 기원전 219년 제나라의 방사方士 서불徐市이 진시황에게 불로불사약을 구해오겠다는 상소를 올려, 수천의 남녀 어린아이들과 함께 동방의 삼신산(봉래산·방장산·영주산)으로 떠났다고 한다.[49] 서불이 불로초를 구하기 위해 방문한 곳이 제주도라는 설이 있으며, 제주도에는 연관설화와 유적이 상당수 남아 있다.

◈ 제주도에 남아있는 불로초 설화

영주산 瀛洲山	우리나라는 전설 속의 삼신산을 금강산(봉래산)·지리산(방장산)·한라산(영주산)으로 부르고 있다.
서귀포 西歸浦	西歸浦는 '徐市이 서쪽으로 돌아간 포구가 있는 마을'이란 의미를 갖는다.
서불과지 徐市過之	서귀포의 정방폭포 암벽에는 서불과지(徐市過之, 서불이 이곳을 지나갔다)라는 문자가 새겨져 있어서, 추사 김정희가 제주도 유배시절 이곳에 들러 문자를 탁본(拓本)했다고도 한다.

노송영지도

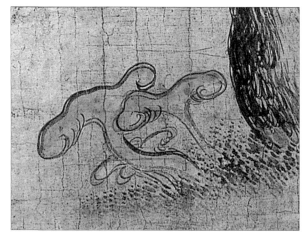

영지 상세 / 출처 : 인천시립미술관

『신농본초경』은 후한에서 삼국시대 사이에 성립된 본초서(本草書)로서 『본초경(本草經)』 또는 『본경(本經)』이라고도 한다.

49) 『사기』「진시황본기(秦始皇本紀)」 齊人徐市等上書言 海中有三神山 名曰蓬萊方丈瀛洲 僊人居之 請得齋戒與童男童女求之 於是遣徐市發童男女數千人

겸재 정선이 말년에 남긴 노송영지도老松靈芝圖는 역동적인 가지의 늙은 소나무와 큼지막한 연분홍 영지가 화면을 가득 채우고 있는 걸작이다.[50] 겸재는 나이든 자신을 노송에 비유하고, 곁에 큼지막한 영지를 배치하여 자신의 무병장수를 기원했던 것으로 보인다. 이 작품은 2001년 4월 20일 송암미술관(회장 이회림)에서 국내 미술품 경매사상 최고가인 7억 원에 구입한 후, 인천시에 기증했다고 한다.

경복궁에서 불로초는 주로 지체 높은 여성이 거처하는 곳에 장식하였다. 불로초는 교태전과 자경전의 굴뚝을 비롯하여 교태전·자경전·함화당·집경전·건청궁의 출입문에도 있다. 대청이나 굴뚝에 등장하는 불로초는 십장생도 양식이지만, 출입문에 있는 것은 학이 불로초를 물고 있는 모양이다. 여성공간의 출입문에 불로초 장식이 많은 이유는 장수나 출산과 같은 희소식을 학이 문을 통해 전달해 줄 것을 바라는 염원 때문이다.

교태전 대청은 정면 3칸, 측면 3칸으로 구성되어 있고, 정면의 각 칸에는 4짝 분합문을 달았다. 분합문 안쪽에는 병풍형식으로 십장생을 그려서, 멀리서 보면 마치 열두 폭 십장생도十長生圖 병풍처럼 보인다. 교태전 대청의 십장생도 하단에는 흰색과 갈색의 영지가 촘촘하게 묘사되어 있다.

교태전 십장생도   불로초 상세

---

50) 우측 하단의 '乙亥秋日 謙齋八十歲作'란 글귀를 통해, 정선의 나이 80세인 1755년(영조 31) 작품임을 알 수 있다.

교태전과 자경전 굴뚝에도 대나무·소나무 밑에 큼지막한 영지가 장식되어 있다. 이와 같이 대나무나 소나무와 함께 등장하는 영지는 장수의 의미가 더욱 강조된 것이다.

교태전 굴뚝

영지 상세

도덕과 수양을 강조하는 유교적 건축공간은 규율과 통제를 수반하여 경직된 느낌을 준다. 그리고 종교시설과 같이 자연과 신선이 강조되는 공간은 현실과 유리되어 공허해질 수 있다. 교태전 일곽의 건물과 현판에는 자기 수양을 유도하는 유교이념이 깊숙이 반영된 반면, 후원의 아미산 공간은 자연과의 소통이 가능한 자율 공간으로 처리하였다. 따라서 유가적 규율과 도가적 자율이 상호 조화를 이루고 있는 것이다.

영지와 사슴

영지와 학

아미산에서 건순각을 지나면 자경전 방향으로 연휘문延暉門이 나온다. 연휘문 상단에는 벽돌로 구워 만든 귀면鬼面이 있고, 귀면 아래 좌우에는 날고 있는 학이 기다란 부리로 불로초를 물고 있다. 이러한 양식의 출입문은 함화당·집경당·건청궁·자경전에도 있는데, 전각의 공식 출입문이라기보다 사적으로 편하게 드나드는 샛문의 성격을 갖는 공통점이 있다.

교태전 연휘문

연휘문 불로초

후궁들의 거처인 집경당과 함화당은 홍복전興福殿과 향원지 사이에 있다. 특히 이곳에서는 백악산을 배경으로 향원지와 향원정을 바라보는 경관이 일품이다. 그래서 고종은 자주 이곳에 들러 자연을 벗 삼아 신하들과 정사를 나누거나, 외국공사를 접견하곤 하였다.

향원지 일곽 / 출처 : 다음지도

집경당과 함화당 / 출처 : 다음지도

집경당과 함화당은 행랑으로 연결되어 있으며, 행랑을 중심으로 전후에 있는 영역은 담장으로 구분되어 있다. 건물의 앞쪽 담장에 있는 문이 계명문啓明門이고, 뒤쪽 담장에 있는 문이 영춘문迎春門이다.

함화당 계명문

계명문 불로초

집경당과 함화당은 경복궁의 중심축에서 약간 서쪽에 위치한다. 그런데도 계명문과 영춘문의 의미는 동쪽을 암시하는 것이어서 주목된다. 계명啓明은 '밝은 빛이 열린다'는 의미이고, 영춘迎春은 '봄을 맞이한다'는 의미이기 때문이다. 따라서 '밝은 빛'과 '봄'은 방향의 개념이라기보다, 이곳을 자주 방문하는 '왕王'을 상징하는 것이라고 할 수 있다.

집경당 영춘문

영춘문 불로초

고종의 거처인 장안당長安堂의 출입문은 필성문弼成門이고, 필성弼成은 '도와서 이룬다'는 의미이다. 필성은 임금과 신하가 서로를 도와서 공업功業을 이루어 나간다는 의미로 해석할 수 있다.

건청궁 필성문

필성문 불로초

출입문에 장식된 학문양이 섬세하고 아름다운 것은 덕수궁의 유현문惟賢門과 고종이 대한제국을 선포한 원구단圜丘壇의 것을 들 수 있다. 봉황의 깃털을 비롯하여 부리에 물고 있는 불로초까지 섬세하고 생생하게 묘사되어 있다.

황궁우 출입문

황궁우 불로초

지붕의 방수와 보호를 위해 흙이나 시멘트로 만든 건축 자재를 기와라고 한다. 기와 중에서 넓고 오목하게 생긴 것이 암키와이고, 두 암키와 사이를 덮기 위해 좁고 볼록하게 생긴 것이 수키와이다. 그리고 빗물의 침투를 막고 기와 끝부분을 단정하고 아름답게 장식하기 위해 만든 기와가 막새기와이다. 암키와의 끝단을 면처리하여 만든 것을 암막새라 하고, 수키와의 끝단을 면처리하여 만든 것을 수막새라 한다.

일반적으로 막새기와의 표면은 문자나 문양으로 장식한다. 문자는 수壽나 복福 등이 많고, 문양은 불로초·용·봉황·박쥐 등이 많이 사용된다. 경복궁 전각에 있는 막새기와 중에는 용과 봉황 문양도 있지만 가장 많이 볼 수 있는 장식이 불로초 문양이다.

집경당 담장

불로초 상세

궁궐에서 풍향을 관측하기 위해 깃발을 단 깃대를 꽂을 수 있도록 마련한 기물이 풍기대風旗臺이다. 풍기대는 사각형의 소형 탁자위에 팔각기둥을 올려놓은 모양을 하고 있는데, 탁자 다리사이의 막힌 부분에는 불로초 문양이 양각되어 있다. 경복궁 풍기대는 수정전과 영추문 사이의 공터에 놓여 있다.

경복궁 풍기대(보물 제847호)

불로초 문양

창경궁에도 경복궁 풍기대와 동일한 크기와 형태를 갖춘 풍기대가 있다. 아마도 동일한 장인匠人의 작품일 것으로 생각된다. 뛰어난 예술성을 갖추고 보존상태가 양호하여 각각 보물 제846호와 제847호로 지정되어 있다.

창경궁 풍기대(보물 제846호)

불로초 문양

(10) 돌

◈ 돌의 상징

영생불멸, 장수, 절개

탄생, 신성

힘, 권위, 절대불변, 물질, 형상

돌은 유구한 세월의 변화에도 자기 정체성을 잃지 않고 태초의 견고성을 유지하여 영생불멸을 상징한다. 이처럼 돌에 내재된 독존성獨存性과 항존성恒存性은 나약한 인간의 불완전성을 초월한 힘을 계시하는 것으로 인식되었다. 선사시대의 고인돌이나 선돌 역시 이러한 신앙적 믿음에 기인

한다. 마찬가지로 사찰의 석불·석탑·부도와 왕릉의 혼유석·망주석·장명등·무인석·문인석도 모두 돌의 항상성에 기반한 것이다.

인왕산 선돌

강화도 고인돌

돌은 생명의 탄생과 풍요와 수호를 주관하는 신비한 존재로서 신앙의 대상이 되기도 하였다. 이러한 돌의 속성은 실체적 현상에 근거하는 것이 아니라, 인간이 영적 매체로서 다른 무엇을 체험할 때 나타난다. 돌과 관련된 탄생설화는 『삼국유사』를 비롯하여 우리의 생활문화 곳곳에 존재한다. 남녀의 성기를 닮은 돌 앞에서 치성을 드리거나 돌을 갈아 마시는 등의 신앙적 행위는 건강한 자손을 얻을 수 있다는 돌의 초월적 권능에 대한 믿음의 소산이다.

◈ 돌과 관련된 탄생설화

큰돌 大石	해모수의 아들 해부루가 큰돌(大石) 아래에서 아이를 얻어 금와왕(金蛙王)으로 삼았다고 한다.[51]
표암봉 瓢嵓峰	경주이씨의 시조 알평(謁平)이 하늘에서 경주시 동천동의 표암봉(瓢嵓峰)에 강림하였다고 한다.[52]
문암 文巖	전라남도 나주시 남평읍 풍림리에 있는 문바위(文巖)에는 남평문씨의 시조 문다성(文多省)이 태어났다는 전설이 전한다. (전라남도 민속문화재 제32호)
공알바위	충청북도 제천시 송학면 무도리 음지만지실에 있는 공알바위는 바위의 틈 속에 돌을 던져 넣으면 아들을 낳는다는 믿음이 전한다.
남근석 男根石	남근석 앞에서 치성을 드리면 자식을 낳는다는 믿음이 있다. 서울시 서대문구 안산동 안산, 전라남도 강진군 성전면 월남리 전라북도 정읍시 칠보면 백암리, 전라북도 순창군 팔덕면 산동리 팔왕마을
여근석 女根石	여근석 앞에서 치성을 드리면 자식을 낳는다는 믿음이 있다. 경기도 안양시 만안구 석수동 삼막사

관악산·도봉산·북한산·마니산 등에는 많은 기도도량이 있는데, 모두 험준한 바위산들이다. 그리고 4대 관음성지觀音聖地로 유명한 낙산사 홍련암·강화도 보문사·여수 향일암·남해 보리암 역시 바닷가의 험준한 바위산 위에 자리하고 있다. 모두가 바위 즉 돌에 대한 신앙적 믿음을 기반으로 조성된 것들이다.

남해 보리암

여수 향일암

제천 음지만지실

음지만지실 공알바위

---

51)『삼국유사』「東扶餘條」夫婁老無子 一日祭山川求嗣 所乘馬至鯤淵 見大石 相對俠(淚)流 王怪之 使人轉其石 有小兒 金色蛙形 王喜曰 此乃天賚我令胤乎 乃收而養之 名曰金蛙.

52)『삼국유사』「新羅始祖 赫居世王條」辰韓之地 古有六村 一曰 閼川楊山村 南今曇嚴寺 長曰謁平 初降于瓢嵓峰 是爲及梁部李氏祖.

　제천시 무도리의 왕박산 북사면에는 마을 어귀에 여성의 자궁을 닮은 공알바위가 있다. 정월 초이튿날이면 마을사람들이 이곳에서 마을의 풍요와 안녕을 기원하는 수구제水口祭를 지냈으며, 자식이 없는 부녀자들은 공알바위에 돌을 던져 자식 낳기를 기원하였다. 신성한 돌을 매개로 공동체신앙共同體信仰과 기자신앙祈子信仰이 결합하여 민간신앙으로 발전한 것이다.

　괴석怪石은 완상玩賞을 위해 마당이나 정원에 비치하는 기이하게 생긴 돌을 말한다. 자연의 사물이나 동식물을 닮은 괴석은 도교적 관심의 대상이 되었으며, 도교와 연결된 괴석은 장수를 상징한다. 이러한 맥락에서 괴석은 왕비와 대비가 거처하는 여성의 공간에도 등장한다. 경복궁·창덕궁·창경궁·운현궁 등에는 남성들의 공간뿐만 아니라 여성들의 공간에도 많은 수의 괴석이 남아 있다.

교태전 아미산

아미산 괴석 (중앙)

　아미산 화계에는 3개의 괴석이 있다. 중앙에 있는 괴석은 규모도 크고 전면에 위치하여 사람들 눈에 가장 잘 띤다. 하지만 좌측의 괴석은 담장 아래에 있고, 우측의 괴석은 건순각 앞 화계 아래에 놓여 있어 관심을 가지고 보지 않으면 지나치기 쉽다.

아미산 괴석 (좌측)

아미산 괴석 (우측)

함원전 후원의 화계에도 괴석이 있다. 이 괴석은 석함石函도 없이 화초들과 함께 어우러져 있어, 마치 초목과 일체화된 것처럼 보인다.

함원전 후원

함원전 괴석

괴석은 철따라 변하는 화초류와 달리 사계절 변치 않는 자태로 자연에 대한 경외와 고풍스런 멋을 자아낸다. 그래서 정원·후원·담장·마당·연못 주위에 괴석을 비치하여 완상의 대상으로 널리 활용되었다.

집경당

집경당 괴석

집경당과 함화당은 행랑으로 연결되어 있지만, 전면과 후면의 마당은 담장으로 구분되어 있다. 전면 마당에는 담장을 사이에 두고, 집경당 쪽에 1개, 함화당 쪽에 2개의 괴석이 놓여있다. 나무나 화초 한 그루 없어 황량해 보이는 궁궐 마당에서 기묘하게 생긴 괴석들이 그나마 초목의 역할을 대신하고 있다.

함화당

함화당 괴석

새로 중건된 장안당 담장 앞에도 두 개의 괴석이 나란히 비치되어 있다. 이곳의 괴석은 석재의 질감과 형태에 기품이 있고, 석함의 수준도 우수하여, 최근에 비치된 것이지만 고풍스런 멋을 간직하고 있다.

건청궁 동측 괴석

건청궁 서측 괴석

조선시대 문인들은 기이하게 생긴 괴석을 마당이나 정원 한 켠에 놓거나, 그림으로 그려 돌에 담긴 미학을 생활 속에서 즐기고 체험하였다. 괴석을 즐겨 그린 화가로는 강세황·심사정·김수철·정학교·허련 등이 있다. 이들은 특히 괴석에 사군자(매화·난초·국화·대나무)를 추가하여 지조와 절개 등 군자가 갖추어야 할 소양을 더욱 강조하였다.

설중한매도, 김수철 / 출처 : 한국데이터진흥원

수석유화도, 강세황
출처 : 한국데이터진흥원

교태전 후원의 화계에는 괴석이 비치되어 있으며, 화계 옆에는 자경전으로 통하는 건순문健順門이 있다. 건순문 내벽과 외벽에는 전돌을 구워 만든 괴석국화도가 주위환경과 조화를 이루고 있다. 이와 같이 괴석과 초목이 함께 등장하는 회화양식은 조선후기에 궁중을 중심으로 널리 유행하였다.

건순문 외벽 국화와 괴석

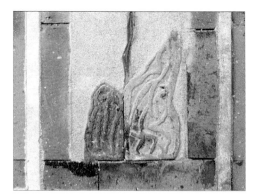

괴석(怪石)

실제로 괴석에 화초를 가꾸지는 않는다. 하지만 조선말기에 이르면 괴석과 모란·매화·난초·국화·파초·해당화 등을 함께 그리는 경향이 회화장르에서 보편화된다.

건순문 내벽 국화와 괴석

괴석(怪石)

건순문의 괴석국화도怪石菊花圖는 문 옆의 잘 드러나지 않는 곳에 장식되어 있어서, 관심을 가지고 보지 않으면 지나치기 쉽다.

건순문 내벽

건순문 외벽

동양사상은 우주의 기운을 천기天氣와 지기地氣로 구분한다. 하늘의 기운을 십간十干, 땅의 기운을 십이지十二支라 하며 이를 합하여 간지干支라고 부른다. 한나라 때는 십이지를 12마리의 동물로 형상화 하였으며, 당나라 때는 십이지에 시간의 개념을 도입하였고, 이어서 도교의 방위신앙이 결부되면서 십이지신十二支神 개념이 정립되었다.

◈ 십이지와 방위·동물·시간

방위	북			동			남			서		
동물	子	丑	寅	卯	辰	巳	午	未	申	酉	戌	亥
	쥐	소	호랑이	토끼	용	뱀	말	양	원숭이	닭	개	돼지
시간	11~1	1~3	3~5	5~7	7~9	9~11	11~1	1~3	3~5	5~7	7~9	9~11

십이지신은 삼국통일 이후 불교의 전파와 함께 우리나라에 적극적으로 도입되었는데, 당나라의 영향으로 방위신의 성격이 강하게 나타난다. 통일신라의 십이지신은 인체에 얼굴만 동물 형상을 한 무인의 모습을 하고 있다. 반면, 고려시대의 것은 사람이 머리에 쓰고 있는 모자의 전면에 등장한다. 이러한 십이지신은 주로 왕릉의 병풍석이나 석탑의 기단부에 양각된 부조의 형식으로 장식되거나 왕릉 내부 벽면에 벽화로 그려져, 해당 방위에 대한 수호신 역할을 하였다.

십이지신을 장식한 석탑은 신라시대 경주의 원원사지와 황복사지 석탑 등이 남아있다. 하지만 그 적용사례가 많지 않고 지리적으로도 한정되어 있어서 널리 보급되지는 않았던 것으로 보인다.

원원사지 삼층석탑

닭(보물 제1429호)

◆ 십이지신 문양이 있는 탑과 능묘

탑	경주 원원사지 삼층석탑, 구례 화엄사 오층석탑 경주 황복사지 삼층석탑, 영양 화천동 삼층석탑, 안동 금소리 석탑 예천 개심사지 오층석탑, 영양 현일동 삼층석탑, 안동 임하동 삼층석탑
능묘	김유신묘, 진덕여왕릉, 경덕왕릉, 헌덕왕릉, 원성왕릉

김유신 장군묘   뱀

십이지신은 통일신라 이후 반인반수의 양식이 구체화 되었으며, 능묘를 중심으로 일반에 보편화되었다.

원성왕릉   말

조선왕조에서는 태조 이성계의 계비 신덕왕후의 정릉貞陵 병풍석에 십이지신이 처음으로 적용되었다. 그런데 지금은 이 병풍석을 청계천 광통교 아래에서 찾아볼 수 있다. 신덕왕후의 정릉은

원래 영국 대사관 인근에 있었는데, 태조가 승하한 이듬해 태종이 정릉을 도성 밖으로 이장하면서,[1] 정릉의 석물을 광통교 공사에 사용한 것이다.[2] 지금은 오래되어 윤곽이 뚜렷하지 않으나 사람이 쓰고 있는 관모에 십이지신이 새겨져 있다.

신덕왕후 정릉 병풍석

신덕왕후 정릉 십이지신

신덕왕후 정릉에 이어 조성된 태조 건원릉의 규모와 형태 역시 정릉과 유사한 양식을 보인다.[3] 이는 조선왕릉이 고려의 공민왕릉 형식을 그대로 계승했기 때문이다. 이러한 조선왕릉의 병풍석 문양은 조선 중후반기를 거치면서 꽃이나 구름문양 등으로 다양하게 변화되어갔다.

태조 건원릉

건원릉 병풍석

---

1) 『태종실록』 1409년(태종 9) 2월 23일 병신.

2) 『태종실록』 1410년(태종 10) 8월 8일 임인.

3) 태조의 계비 신덕왕후는 조선 개국 4년 후인 1394년(태조 4) 승하했으며, 태조는 1408년(태종 8) 승하했다. 이때는 아직 조선의 문물제도가 정비되지 않아, 왕릉뿐만 아니라 생활풍습이나 건축 등 고려의 것을 따르는 경우가 많이 있었다.

조선후기에는 십이지신을 부조浮彫가 아닌 조각의 형상으로 만들어, 국가의 주요 전각 주위에 활용하는 양상을 보인다. 대표적인 것으로 근정전·경회루·황궁우·비각(칭경기념비전) 등이 있다.

광화문 사거리 북동쪽 모서리에는 날렵한 사모지붕의 기념비전紀念碑殿이 있고, 그 안에 비석[4]이 하나 있다. 이 기념비전은 고종의 즉위 40주년과 기로소 입소를 기념하여, 1901년 12월에 황태자였던 순종의 주관으로 축조한 것이다. 이 건물은 기단의 사방으로 난간석을 두르고, 그 위에 사신수四神獸와 십이지신十二支神을 배치하여 비석을 수호하도록 하였다. 조선왕조에서 십이지신을 조각으로 제작하여 건물주위에 배치하는 양식은 기념비전이 마지막 사례이다.

기념비전

십이지신

연못의 섬 위에 조성된 경회루에는 세 개의 다리가 놓여 있는데, 이 다리의 양 끝단과 섬 주위의 엄지기둥[5] 위에는 밖을 향해 무섭게 응시하고 있는 동물 형상의 조각들이 놓여 있다. 이 조각들 중엔 십이지상 뿐만 아니라 내부 영역을 수호하기 위한 다양한 기능의 서수瑞獸들이 혼재되어 있다.

---

4) 이 비석은 大韓帝國大皇帝寶齡望六旬御極四十年稱慶紀念碑라는 긴 이름을 가지고 있는데, 줄여서 '고종 즉위 40년 칭경기념비'라고 부른다.

5) 엄지기둥 : 다리의 양쪽 끝이나 난간의 모서리에 세우는 장식기둥.

경회루

서수(瑞獸)

십이지신을 조각하여 건물주위에 장식한 사례는 창덕궁 금천교와 창경궁 옥천교[6]의 연화보주형 법수[7]에서 그 원형을 추정해볼 수 있다. 현재 남아 있는 십이지신이나 서수의 크기와 형태가 금천교·옥천교의 것과 유사하기 때문이다.

창덕궁 금천교(보물 제1762호)

금천교 서수

근정전 월대는 상월대와 하월대 2단으로 구성되어 있는데, 사신사(청룡·백호·주작·현무)는 상월대의 4방위에 배치되었다. 12지신은 상월대와 하월대의 4방위에 고르게 분산 배치되어 있으며, 각 월대의 정면과 4모서리에는 해치나 기린과 같은 서수들이 놓여 있다.

근정전 월대에는 12지신 중 9지신만 배치되어 있고 3지신(용·개·돼지)은 없으며, 그 위치도 子丑

---

6) 금천교(錦川橋) : 창덕궁 정문 안에 있는 다리. 1411년(태종 11) 건축. 보물 제1762호.
옥천교(玉川橋) : 창경궁 정문 안에 있는 다리. 1483년(성종 14) 건축. 보물 제386호.
7) 법수(法首) : 다리나 난간의 모서리 또는 끝단의 엄지기둥 상부에 장식한 부분.

寅卯辰巳午未申酉戌亥[8])로 전개되는 순서와 일치하지는 않는다. 이를 두고 특별한 의미를 부여하기도 하고, 보수공사 중 착오가 있었다고도 한다. 그러나 정작 중요한 것은 음양오행의 산물인 사신사와 12지신에 대한 세계관이 조선후기에도 통용되고 있었다는 사실이다. 사신사는 근정전을 풍수적 명당공간으로 만들려는 상징적인 장치이다. 그리고 12지신과 각종 서수는 사방으로부터 침입하는 나쁜 기운을 차단하여 내부영역의 좋은 기운을 보호하는 벽사의 기능을 담당하였다.

조선왕조는 사신사·십이지신·서수 등을 근정전 주위에 배치하여, 왕과 신하가 정사를 보는 근정전 일곽을 최고의 신성한 공간으로 만들었다.

근정전 석물 배치도

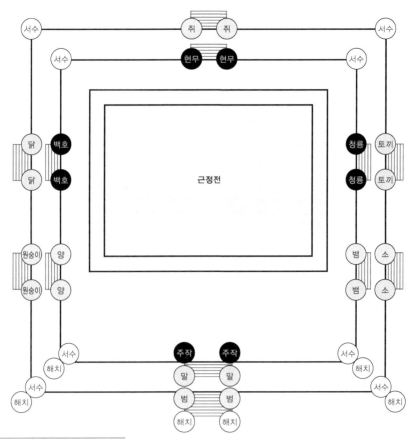

---

8) 子(쥐)·丑(소)·寅(범)·卯(토끼)·辰(용)·巳(뱀)·午(말)·未(양)·申(원숭이)·酉(닭)·戌(개)·亥(돼지)

말 (상월대 남)

말 (상월대 남)

청룡·백호·주작·현무의 사신시는 상월대의 4면에만 배치되었다. 그리고 십이지신은 상하월대를 가리지 않고 근정전 사방으로 순서에 맞게 분산배치 되어있다.

뱀 (상월대 동)

토끼 (하월대 동)

원숭이 (하월대 서)

닭 (하월대 닭)

쥐 (하월대 북)

쥐 (하월대 북)

근정전 남동쪽과 남서쪽의 상하월대 모서리 하단부에는 해치 가족을 새긴 조각상이 전면으로 돌출되어 있다.

해치 (하월대 남동)

해치 (상월대 남동)

근정전 상하월대 네 모서리의 엄지기둥 위에는 서수瑞獸가 한 마리씩 근정전 쪽을 응시하며 앉아있다.

서수 (하월대 남서)

서수 (상월대 북동)

8. 전각의 상징

(1) 강녕전

(2) 교태전

(3) 집옥재

(4) 경회루

(5) 자경전

조선을 창업한 태조 이성계는 개성 수창궁에서 즉위한 후, 한 달 만에 한양으로의 천도 계획을 발표하였다.[1] 이듬해 새해 벽두부터 태실증고사胎室證考使 권중화가 제안[2]한 계룡산 신도안에서 궁궐 공사가 진행되었으나, 그해 겨울 신도안 일대가 풍수적으로 좋지 않다는 경기도관찰사 하륜河崙의 반대 상소로 공사가 중지되었다.[3]

수도 이전 문제는 다시 1년여의 논의 과정을 거쳐 한양으로 결정[4]되었고, 그 이듬해 경복궁이 준공되었다. 한 나라의 수도가 풍수논리에 의해 정해지고, 풍수논리에 의해 취소되었으며, 다시 풍수논리에 의해 한양으로 최종 결정된 것이다. 경복궁의 1차 공사는 급조된 것이어서 궁성뿐만 아니라 전각의 일부가 미완된 상태였지만, 세종대를 거치면서 궁궐의 면모가 점진적으로 갖추어졌다. 세종 때 추가된 전각은 함원전咸元殿·교태전交泰殿·자미당紫薇堂·종회당宗會堂·송백당松栢堂·인지당麟趾堂·청연루淸燕樓 등이다.[5]

한양 천도 이후 도성과 경복궁의 기본계획은 태조의 측근인 정도전의 주관하에 시행되었으며, 전각에 대한 명칭과 의미부여 등 세부사항까지도 정도전의 의사가 반영되었다. 경복궁 전각의 이름은 정도전이 이방원에 의해 숙청된 뒤에도 그대로 사용되어 현재에 이르고 있으며, 그 이름에 담긴 내용 역시 존중되었다. 궁궐의 전각들 이름에는 그 건물의 기능과 방위와 건축가의 세계관이 종합적으로 투영되어 있어서, 건물의 성격을 이해하고 파악하는데 중요한 단서가 된다. 따라서 이번 장에서는 주요 전각의 이름을 중심으로 그 건물의 상징적 의미와 내용을 살펴보고자 한다.[6]

---

1) 『태조실록』 1392년(태조 1) 8월 13일 임술.

2) 『태조실록』 1393년(태조 2) 1월 2일 무신.

3) 『태조실록』 1393년(태조 2) 12월 11일 임오.

4) 『태조실록』 1394년(태조 3) 10월 25일 신묘.

5) 『세종실록』 1449년(세종 31) 6월 18일 병인.

6) 경복궁 각 전각 현판의 해석에는 이광호 교수님의 『궁궐의 현판과 주련 1』이 많은 도움이 되었다. 필자가 현판을 해석하는데 가장 많이 참고했던 책이었음을 미리 밝혀둔다.

◈ 경복궁 전각의 이름이 정해진 시점

태조 4	1395. 9. 29	경복궁과 종묘 준공 광화문, 건춘문, 영추문, 일화문, 월화문
태조 4	1395. 10. 7	강녕전, 연생전, 경성전, 사정전, 융문루, 융무루, 근정문, 오문
태조 7	1398. 11. 11	인소전
태종 12	1412. 5. 16	경회루
세종 8	1426. 10. 26	홍례문, 영제교
세종 19	1437. 4. 15	만춘천, 천추전, 흠경각 (실록에 처음 언급된 시점)
세종 22	1440. 9. 6	교태전 축조 결정 (교태전 이름에 대한 언급은 없음)
성종 6	1475. 8. 23	신무문

(1) 강녕전

◈ 강녕전 연혁

태조 4	1395. 10. 7	창건
세종 15	1433. 7. 21	중건 지시
명종 8	1553. 9. 14	경복궁 대화재 시 소실
명종 10	1554	재건
선조 25	1592	임진왜란 때 소실
고종 4	1867	재건
	1920	강녕전 부재를 창덕궁의 희정당 재건에 활용
	1995	복원

① 강녕전康寧殿

창건 당시 왕의 침전은 강녕전康寧殿·연생전延生殿·경성전慶成殿으로 구성되었다. 그런데 고종 때 중건하면서 연길당延吉堂과 응지당膺祉堂을 추가하여 현재는 다섯 전각으로 변모되었다.

강녕전의 의미에 대해 정도전은 "『서경』 「홍범구주」의 오복7) 중에 셋째가 강녕康寧입니다. 대체로 임금이 마음을 바루고 덕을 닦아서 황극皇極을 세우게 되면, 능히 오복을 향유할 수 있으니, 강녕이란 것은 오복 중의 하나이며 그 중간을 들어서 그 남은 것을 다 차지하려는 것입니다. (중략) 그래서 연침을 강녕전이라 했습니다."8)라고 하였다.

강녕전 정면

강녕전 처마

---

7) 오복(五福) - 수(壽)·부(富)·강녕(康寧)·유호덕(攸好德)·고종명(考終命)을 말한다.

8) 『태조실록』 1395년(태조 4) 10월 7일 정유.

② 연생전延生殿·경성전慶成殿

연생전(延生殿)	동쪽·봄·탄생	생명의 기운을 맞이한다.
경성전(慶成殿)	서쪽·가을·결실	만물의 결실을 기뻐한다.

정도전은 천지생성天地生成의 의미를 담아 왕의 침전인 강녕전의 좌우에 연생전과 경성전을 두었다고 했다. 생성이란 음양의 현상적 표현으로서, 연생전은 동쪽·봄·탄생의 의미가 있으며, 경성전은 서쪽·가을·결실의 의미가 있다. 정도전은 왕의 침전구역을 삼라만상이 음양陰陽의 조화를 이루는 관념적 공간으로 꾸미고자 한 것이다. 그런데 흥선대원군은 경복궁을 중건하면서 연길당과 응지당을 추가하여 건물을 다섯 채로 확장하였다. 그리고 정문에 향오문嚮五門을 두어 왕이 거처하는 강녕전 일곽을 만물의 탄생과 성장과 소멸을 주관하는 오행五行의 공간으로 재구성하였다.

연생전(延生殿)

경성전(慶成殿)

③ 연길당延吉堂·응지당膺祉堂

연길당延吉堂은 '복을 맞아들이는 집'이고, 응지당膺祉堂은 '복을 받아들이는 집'이란 뜻이다. 모두 왕의 건강과 안녕을 기원하는 내용들이다. 조선초기에는 '천자 6침·제후 3침'의 제도에 따라, 왕의 침전을 강녕전·연생전·경성전으로 구성하였다. 그런데 고종 때 경복궁을 중건하면서 오행의 개념을 도입하여 강녕전 후면 좌우에 연길당과 응지당을 추가한 것은, 우리식의 자주의식이 건물 배치에 반영된 결과이다.

연길당(延吉堂)

응지당(膺祉堂)

④ **향오문**嚮五門

향오문은 홍범구주의 '嚮用五福'에서 '嚮五'를 취한 것으로 '오복을 누린다'는 의미이다. 다섯 채의 건물로 침전구역을 조성한 강녕전의 정문을 향오문嚮五門이라 명명하여 오행에 대한 상징성을 더욱 부각시켰다. 오행적 건물 배치의 의미를 강조하기 위한 매우 의도적인 명칭이라 할 수 있다. 따라서 창건 당시에는 왕의 침전구역이 강녕전·연생전·경성전 만으로 구성되어 있었으므로 정문도 향오문이 아닌 다른 이름이었을 것으로 추정되지만, 이에 대한 기록은 전하지 않는다.

강녕전 향오문

향오문(嚮五門)

(2) 교태전

◈ 교태전 연혁

세종 22	1440. 9. 6	교태전 축조에 대한 의견이 처음 등장
명종 8	1553. 9. 14	경복궁 대화재 시 소실
명종 10	1555. 8	재건
선조 25	1592. 5	임진왜란 때 소실
고종 4	1867	재건
	1920	교태전 부재를 창덕궁 대조전의 재건에 활용
	1994	복원

① 교태전交泰殿

교태전 일곽은 왕비가 거처하는 공간으로, 6개의 문과 8개의 당호가 있는 건물로 구성되어 있다. 원길헌·함홍각·건순각은 교태전 좌우에 연결되어 있으며, 체인당·승순당·내순당·보의당은 교태전 전면에 있는 행랑채 구조이다. 행랑채는 주로 나인들이 거주하는 건물인데, 낮은 건물이 일렬로 이어져 있어 마치 외부와 내부의 영역을 구분 짓는 담장처럼 보이기도 한다.

교태交泰란 『주역』에 나오는 문구로, 왕자 탄생에 대한 기대와 염원이 담겨있다.[9] 왕비 침전에 왕자 탄생과 관련된 의미를 부여하는 건 다른 궁궐도 마찬가지다. 창덕궁의 대조전大造殿, 창경궁의 통명전通明殿, 경희궁의 회상전會祥殿, 덕수궁의 함녕전咸寧殿은 모두 귀한 자손의 탄생을 암시하고 있다. 교태전 일곽의 건물과 현판에는 유난히 『주역』의 태괘泰卦와 곤괘坤卦의 내용이 많이 인용되었다. 이 두 괘의 내용이 여성女과 음陰의 속성을 가장 많이 담고 있기 때문이다.

교태전 정면

교태전 외곽

◈ 왕비 침전의 현판 내용

경복궁	교태전(交泰殿)	천지기운이 조화롭게 화합하여 만물을 생성하는 집
창덕궁	대조전(大造殿)	큰 인물을 생산하는 집
창경궁	통명전(通明殿)	숙종은 '신선이 사는 집'이라고 풀이하였으며, 정백창은 '크게 밝은 집(大明宮)'이라고 하였다.
경희궁	회상전(會祥殿)	좋은 기운이 모이는 집
경운궁	함녕전(咸寧殿)	모두가 평안한 집

---

9) 『주역(周易)』 象曰 天地交泰 后以 財成天地之道 輔相天地之宜 以左右民.

창덕궁 대조전

대조전(大造殿)

세종 대의 문신 변계량은 조선의 도읍지와 왕업을 찬양하는 〈화산별곡〉을 지어 바쳤다. 화산별곡의 내용 중에서 교태交泰는 '천지가 화합하여 국가가 평안하다'는 의미이다.

內受禪 上稟命 光明正大	안으로 물려받고 우흐로 명을 받아 광명 정대하올시고,
禁革竊 通商賈	도적을 금하시고 상고를 융통케 하시며
懷服倭邦 善繼善述	왜국(倭國)을 회유하시니 선계(善繼) 선술(善述)하샷다.
天地交泰 四境寧一	천지가 화합하니 국내가 안녕하도다.
偉 太平 景其何如	위, 태평한 경 긔 어떠하니잇고.
至誠忠孝	지성이신 충성이여 효도여
陸隣以道 再唱	이웃과 친목하되 도의로써 하옵시니, (두 번 창한다)
偉 兩得 景其河如	위, 두 길이 다 옳은 경 긔 어떠하니잇고.

                               – 변계량, 화산별곡(華山別曲)[10]

② **건순각**健順閣

교태전 동북쪽 후면에 돌출하여 연결된 건물이 건순각이다. 건순健順은 '乾은 굳세고 坤은 유순하다'는 뜻이다. 건乾은 남성을 상징하고 곤坤은 여성을 상징하므로 은연중에 남성우월 사상이 내포되어 있다. 교태전에 있는 다른 건물들 역시 여성에게 선함·어짊·포용·너그러움·순종 등의 덕목을 강조하는 문구들로 되어 있다.

---

10) 『세종실록』 1425년(세종 7) 4월 2일 신축. 『춘정집』 조규익.

건순각 동측

건순각 북측

◈ 교태전 일곽 현판의 내용

교태전 交泰殿		『주역』 태괘 「상전」	天地交泰, 하늘(양)과 땅(음)의 기운이 조화롭게 화합하여 만물을 생성한다는 의미 지천태(地天泰)괘에서 나왔다.
건순각 健順閣	동북	『주역』 곤괘 「문언전」	乾健坤順, 건은 굳세며 곤은 유순하다.
원길헌 元吉軒	동쪽	『주역』 태괘	크게 선하여 길하다. 六五, 帝乙歸妹, 以祉,元吉 제을이 누이동생을 출가시켜 복록을 얻으니 크게 길하다.
함홍각 含弘閣	서쪽	『주역』 곤괘 「단전」	含弘光大, 포용하고 너그럽다.
체인당 體仁堂	동남	『주역』 건괘 「문언전」	君子體仁, 군자는 어짊을 체득한다.
승순당 承順堂	남동	『주역』 곤괘 「본의」	柔順利貞 坤之德也, 받들어 순종한다. 부인에게 곤괘의 특성인 유순함과 순종을 장려하는 의미
내순당 乃順堂	서남	『주역』 곤괘 「단전」	乃順承天, 이에 순종하여 하늘을 받든다.
보의당 輔宜堂	남서	『주역』 태괘 「상전」	輔相天地之宜, 천지의 마땅함을 돕는다.

함홍각(含弘閣)

원길헌(元吉軒)

교태전 일곽에는 건순각·내순당·승순당 등, 순종을 의미하는 '순順'자가 유난히 많이 등장한다. 왕비조차 여성의 한 사람으로서 유교질서에서 요구하는 순종의 덕목을 강하게 각인시키고 있다.

내순당(乃順堂)

승순당(承順堂)

보의당(補宜堂)

체인당(體仁堂)

체인당體仁堂은 '군자는 어짊을 체득한다'는 유교경전의 문구를 인용한 것이지만, '인仁'자가 오행 상 동쪽 방위를 상징하므로 동쪽 행각의 명칭이 되었다. 즉 건물의 용도와 방위를 동시에 고려하여 당호를 정한 것이다.

③ 양의문兩儀門

교태전에는 정문인 양의문을 비롯하여 사방으로 다섯 개의 협문이 있는데, 모두 유교경전인 주역의 내용을 인용하여 현판에 적용하였다. 문 현판 역시 건물 현판과 마찬가지로『주역』의 태괘泰卦와 곤괘坤卦의 내용이 주를 이룬다. 태괘泰卦는 음양이 화합하여 하나로 뭉쳐짐을 상징하며, 곤괘坤卦는 음효陰爻로만 구성된 순음괘純陰卦로서 땅·여성·어머니·유순함 등을 상징한다. 흔히 주역은 우주의 존재 원리와 운행의 이치를 담고 있다고 한다. 성리학은 이러한 자연현상의 이치를 따르고 순응하는 것이 인간의 도리라고 말한다. 그런데 유독 지엄하신 왕비의 공간에 강조되고 있는 것이 이채롭다.

교태전 양의문

양의문(兩儀門)

◈ 교태전 문 현판의 내용

양의문 兩儀門	남쪽	『주역』「계사전」	양과 음을 의미, 즉 하늘과 땅, 남자와 여자 등 易有太極 是生兩儀 兩儀生四象 四象生八卦 역에 태극이 있으니, 태극이 양의를 낳고 양의가 사상을 낳고 사상이 팔괘를 낳는다.
재성문 財成門	서쪽	『주역』泰卦 「상전」	財成天地之道, 천지의 이치를 헤아려 이룬다.
함형문 咸亨門	서북	『주역』곤괘 「단전」	品物咸亨, 만물이 모두 형통하다.
만통문 萬通門	동쪽	『주역』태괘 「단전」	萬物通也, 만물이 형통하여 태평하다.
건순문 健順門	북쪽	『주역』곤괘 「문언전」	乾健坤順, 건은 굳세며 곤은 유순하다.
연휘문 延暉門	북동		밝은 빛을 맞이한다.

앞에서 살펴보았듯이 교태전 일곽에는 건순각·내순당·승순당 등, 유순함과 순종의 덕목을 의미하는 '순順'자가 유난히 많다. 특히 건순각健順閣은 자경전 쪽으로 통하는 협문도 건순문健順門이라고 명명하여 그 의미를 더욱 강조하고 있다.

건순문(健順門)

건순문(健順門)

연휘문은 '밝은 빛을 맞이한다'는 의미이고, 만통문은 '만물이 형통하여 태평하다'는 의미이다. 용어 자체가 방위를 의미하고 있지는 않지만, 단어에 함의된 내용이 희망과 미래를 암시하여 동쪽 방위에 조성하였다.

연휘문(延暉門)

만통문(萬通門)

　재성문은 교태전의 서쪽에 있으며, 함원전으로 연결되는 통로 역할을 한다. 재성문財成門을 교태전의 서쪽에 둔 이유는, 경성전慶成殿을 강녕전의 서쪽에 둔 것과 동일한 이유이다. 즉 '이루어짐'을 의미하는 '성成'자가 오행 상 서쪽 방위와 연관되어 있기 때문이다.

재성문(財成門)

함형문(咸亨門)

④ 교태전 후원

교태전 아미산

유교국가인 조선의 건축은 좌우대칭·위계성·폐쇄성이 근간을 이룬다. 그래서 개인의 자율과 일탈이 건축문화 속에서 제약을 받곤 한다. 왕비의 침전이자 생활공간인 교태전 역시 전각 주위를 행랑과 담장이 둘러싸는 폐쇄적 배치 형식을 따르고 있다. 전면으로 보이는 것이라곤 층층이 중첩되는 담장과 전각의 지붕뿐이고 마당엔 나무 한 그루 없다. 고립되고 폐쇄된 공간은 인간의 정서와 내면을 소극적으로 위축시킨다. 이를 보완하기 위해 마련한 공간이 후원이다. 후원은 통제와 규율보다 개방과 자율을 지향하는 열린 공간이다. 통제된 공간에서 누적된 긴장과 피로를 덜어낼 수 있는 완충공간인 셈이다.

교태전 후원은 아미산峨嵋山을 배경으로 조성되었다. 아미산은 경회루 주위를 연못으로 만들면서 나온 흙으로 만든 아담한 동산이다. 규모의 차이는 있지만 땅을 파서 산과 호수를 만든 사례는 중국에도 있다. 자금성의 경산景山과 이화원의 만수산萬壽山이 그것이다. 아미산은 중국 사천성 아미현에 있는 보현보살의 성지로서 불가에서는 광명산光明山이라 하고, 도가에서는 허영동천虛靈

洞天이라고 부르는 신성한 산이다.

아미산 화계

아미산 화계

아미산은 기다란 장대석으로 4단의 화계를 만들고, 각 단에 굴뚝과 석물을 배치한 다음, 사이사이에 화초를 심어 조성한 나지막한 동산이다. 봄이면 모란·매화·앵두·철쭉 등 초목이 장관이고, 여름과 가을에는 소나무·팽나무·느티나무가 연출하는 청록과 단풍이 있으며, 겨울이면 꽃으로 장식한 굴뚝과 다양한 석물들의 조화가 일품이다. 유교적 이념이 강조되는 교태전의 경직된 분위기는 도가적 개념의 후원에서 개방적으로 반전된다.

아미산 화계에는 사군자·십장생·벽사 문양의 붉은색 굴뚝이 4개 있다. 그리고 석물로는 표면을 모란과 연꽃으로 화려하게 장식한 앙부일구 받침대 2개, 모란장식의 대석 위에 낙하담과 함월지를 새긴 물확 2개, 둥그런 몸체에 앙련仰蓮과 복련覆蓮을 양각한 연꽃 물확 2개, 기이한 형태의 괴석 3개가 고르게 배치되어 마치 아담한 조각공원을 연상케 한다. 교태전 후원은 심신의 피로를 회복하고 정서의 함양을 돋우기 위해 도가적·불가적 자연경관으로 구현한 완충공간인 것이다.

⑤ 물확

물확은 자연석 내부에 홈을 파고 물을 담아 완상할 수 있도록 만든 석물을 말하며, 돌확·석확石確·석련지石蓮池 등으로도 부른다. 원래 곡식을 가공하는 생활용품으로서 돌절구였던 것이 완상용으로 발전하였다고도 한다. 사람들은 주로 사랑채·안채·누정 주위에 물확을 배치하여, 물 표면에 비친 자연경관을 생동감 있게 감상하였다. 물확은 물을 담아 두는 수조水槽의 역할뿐만 아니라,

정원이나 연못에서 주위 경관과 조화를 이루는 조형물로서의 역할도 하였다.

함원전咸元殿 후원에 있는 물확은 생동하는 용 두 마리를 거북 한 마리가 밑에서 받치고 있는 조형물로서, 경복궁에 있는 물확 중에서 가장 역동적이고 사실적 표현이 돋보이는 작품이다.

함원전 물확

함원전 물확

함화당 후원에 있는 물확은 네모진 직육면체 화강석 내부를 반듯하게 파내어 물을 담도록 만든 조형물이다. 이 물확은 전면에 하지(荷池, 연꽃이 있는 연못)란 문구만 새기고, 외관에 별다른 장식을 하지 않아 깔끔하고 단아한 느낌을 준다.

함화당 물확

함화당 물확

교태전 후원의 물확은 돌절구 모양의 외관에 연꽃과 연잎을 굵고 선명하게 양각하여 작품의 사실성이 가장 돋보인다. 하부는 연잎을 복련覆蓮으로 꾸미고, 상부는 만개한 연꽃을 형상화 하였으며 그 경계지점을 보주장식으로 띠처럼 둘렀다. 그리고 물확 상단의 가장자리에서는 들어오고 나가는 개구리 네 마리가 생동감 있는 분위기를 연출하고 있다.

교태전 물확   교태전 물확

화계의 중앙에는 쌍둥이 물확 두 개가 좌우에서 조화와 균형을 이루고 있다. 좌측이 함월지涵月池이고 우측이 낙하담落霞潭이다. 함월지는 '달을 품고 있는 연못'[11]이란 뜻으로, 해질녘에 연못에 비친 달의 모습을 시적으로 표현한 것이다. 그리고 낙하담은 '노을이 내려앉은 연못'이란 뜻이며, 중국 양나라 간문제簡文帝와 당나라 왕발王勃의 시에서 유래한 것이다.

함월지(涵月池)   낙하담(落霞潭)

---

11) 『신증동국여지승람』「경상도 신녕현」 제영(題詠), 조선전기의 문신 윤자영(尹子濚)의 시(詩).
溪涵月色淨塵心, 시냇물은 달빛을 담아 세속의 마음을 씻어주네.

虹銷雨霽 彩徹雲衢	무지개 사라지고 비가 개이니 햇볕은 하늘을 뚫는데,
落霞與孤鶩齊飛	지는 노을은 한 마리 따오기와 나란히 날고
秋水共長天一色	가을 강물은 긴 하늘과 한 빛이다.
漁舟唱晚 響窮彭蠡之濱	고깃배에서 저녁에 노래 부르니 울림이 팽려의 물가에 이르고,
雁陣驚寒 聲斷衡陽之浦	기러기 떼가 추위에 놀라니 소리가 형산 남쪽의 포구에서 그친다.

－ 왕발(王勃), 등왕각서(滕王閣序)[12]

(3) 집옥재

팔우정·집옥재·협길당

경복궁 북쪽 끝에는 고종과 명성황후의 거처인 건청궁이 있고, 건청궁 앞에는 왕실사람들의 휴식공간인 향원지와 향원정이 있다. 건청궁은 1873년 고종이 경복궁 중건을 마무리 하면서 지은 전각인데, 1876년 경복궁에 큰 불이 나자 고종은 거처를 창덕궁으로 옮겼다. 1884년 갑신정변 이후에는 다시 경복궁으로 돌아와 주로 건청궁에서 생활하였으며, 명성황후가 시해되는 1895년까지

12) 김창환, 『중국의 명문장 감상』, 한국학술정보원, 2011, p.73.

약 10여 년간을 이곳에서 거주하였다.

건청궁 서편에는 이질적 구조의 건물 세 채가 행랑으로 연결된 건물군이 있다. 가운데가 집옥재이고, 동쪽이 협길당, 서쪽이 팔우정이다. 고종은 이곳에 선왕의 어진을 봉안하고, 외국 사신을 접견하였으며, 많은 서책을 보관하여 서재로도 활용하였다.

하지만 이 건물군은 건물의 양식과 용도가 전통의 질서를 따르고 있지 않아 그 목적과 의도가 모호하다. 다만 북궐도형北闕圖形에 집옥재 건물군 앞으로 행랑채가 딸린 보현당寶賢堂이 있고, 가회정嘉會亭과 종각鐘閣까지 갖추어져 있었던 것으로 보아 집옥재의 기능을 섣불리 예단하기는 쉽지 않다.

전통건축에서 건물의 배치와 지붕의 형태는 건물의 위계와 기능을 구분하는 지표가 된다. 지붕의 형태는 우진각지붕·팔작지붕·맞배지붕·모임지붕이 있다. 우진각지붕은 제후국인 우리나라에서는 거의 사용하지 않는 양식이고, 모임지붕은 주로 정자건축에 사용된다. 따라서 조선시대 가옥의 지붕양식은 대부분 팔작지붕과 맞배지붕이다. 팔작지붕은 사랑채·안채와 같이 전각의 중심건물에 사용하고, 맞배지붕은 사당·행랑·부속건물 등에 사용한다.

팔우정과 같은 누정 건물은 경회루나 향원정과 같이 주위 경관이 수려한 곳에 별도의 건물로 세우는 것이 일반적이다. 조선중기 이후에는 누정건물이 주거건물에도 등장하기 시작하는데, 이 경우 사랑채나 안채의 일부로서 건물의 끝단에 누마루 형식으로 연결된다. 누정은 주로 담장 밖의 자연경관이 수려하거나 담장 안의 조경이 갖추어진 곳에 위치하며, 이곳에서 휴식과 교류가 이루어진다.

팔우정(八隅亭)

협길당(協吉堂)

그런데 집옥재는 월대까지 갖춘 중심건물이지만 지붕양식은 중국풍의 맞배지붕이다. 반면 협길당은 용마루·내림마루·추녀마루에 양성바름을 하고, 추녀마루에는 잡상까지 갖춘 팔작지붕 양식이지만 오히려 부속건물이다. 그리고 월대도 갖추지 않아 집옥재에 비해 상대적으로 왜소해 보인다. 서편의 팔우정 역시 정자건물로서 빼어난 자태를 뽐내고 있지만, 2벌대의 기단부와 창호 및 낙양 장식이 모두 이국적이다.

문제는 배치와 양식이다. 전통 한옥의 배치 개념은 개별 기능의 건물이 담장으로 구분되어 각각 하나의 영역을 이룬다. 그리고 중심건물은 팔작지붕·보조건물은 맞배지붕·누정건물은 모임지붕 양식으로 하는 것이 일반적이다. 그런데 이곳 집옥재 일곽은 이러한 질서가 대부분 무시되어 있다.

집옥재 건물군은 1868년(고종 5) 흥선대원군의 경복궁 중건 때는 없었던 건물로 1891년(고종 28) 창덕궁에서 옮겨온 것이다. 지붕·용두·측벽·공포구성·월대·계단·초석·창호·실내장식 등이 청나라풍의 건축양식을 따르고 있어, 우리의 전통양식과는 확연히 구분된다.

강녕전·교태전·경회루의 외진주는 사각기둥이고, 내진주는 원기둥이다. 그런데 집옥재는 외부기둥이 원형이고 내부기둥은 사각형이다. 기둥의 모양 역시 우리의 것과 반대인 것이다.

내부 사각기둥과 외부 원기둥

외부 원기둥

집옥재 현판 역시 세로글씨로 쓰여 있어, 가로글씨인 우리의 전통 방식과 다르다. 집옥재集玉齋는 북송의 문인화가 미불[13]의 글씨를, 협길당協吉堂은 명말의 문인화가 동기창[14]의 글씨를 집자

---

13) 미불(米芾, 1051~1107) 중국 북송의 서예가·화가. 자는 원장(元章). 시·서·화 모두에 조예가 깊었다. 글씨는 채

集字하여 새긴 것이다. 고종의 서재였던 집옥재集玉齋는 '옥과 같이 귀한 서책을 모아둔 집'이란 뜻으로 건물의 기능을 그대로 현판에 담아내었다. 그리고 협길당協吉堂은 '함께 복을 누리는 집'이란 뜻이다.

집옥재(集玉齋)

협길당(協吉堂)

집옥재의 실내 벽면은 대부분 모란문양으로 장식하였다. 처마의 단청이나 서까래도 연화문양 대신 보상화문양으로 장식하였으며, 붉은색을 자제하고 전체적으로 연한 녹색 계열의 색상을 사용하여 더욱 이국적인 분위기를 자아낸다.

실내장식

모란문양

양·소동파·황정견 등과 더불어 송4대가로 불리며, 왕희지의 서풍을 이었다. 그림은 강남의 아름다운 자연을 묘사하기 위해 미점법(米點法)이라는 독자적인 점묘법(點描法)을 창시하였으며, 명나라의 오파(吳派)에게 영향을 주었다.

14) 동기창(董其昌, 1555~1636) 중국 명나라 말기의 문인·서예가·화가. 서예의 대가로 정평이 난 동기창은 화론가로서도 상당한 영향력을 행사하였다. 특히 문인화의 우위와 정통성을 강조한 상남폄북론(尙南貶北論)을 주창하여, 후대 산수화의 화풍에 결정적인 영향을 끼쳤다.

천정의 용·봉황 장식과 현관 좌우 벽면에 치장된 봉황장식 역시 우리의 전통디자인과는 거리가 있다. 이러한 장식이 누구에 의해 어떤 의도로 제작되었는지는 밝혀지지 않았으나 모두 중국 청나라의 영향인 것으로 보인다.

천정의 용문양

천정의 봉황문양

현관 좌우에 있는 봉황은 유사해 보이지만 꼬리부분은 현격하게 다르다. 아마도 암수를 구별하고 있는 듯하다. '꽃 중의 왕은 모란이요, 새 중의 왕은 봉황이요, 백수의 왕은 호랑이다'라는 말이 있다. 그래서인지 집옥재에는 왕을 상징하는 모란과 봉황과 호랑이가 모두 갖추어져 있다.

현관 서측 봉황

현관 동측 봉황

집옥재의 기능에 대해서는 어진 봉안·사신접견·서재 등 분분하지만, 정작 실록의 기록은 많지 않다. 『고종실록』에 의하면 1893년과 1894년에 외국 공사를 몇 차례 접견한 것이 전부다. 마지막

1896년 기록에는 집옥재에 있는 어진을 경운궁에 옮기라는 기사가 있는데, 이는 집옥재의 기능과는 무관하다. 왜냐하면 1년 전 명성황후가 살해된 후, 고종은 러시아 공사관으로 피신한 상태였기 때문이다. 따라서 1896년에는 집옥재에서 어진을 봉안한 것이 아니라, 고종이 러시아 공사관으로 피신한 뒤 보현당寶賢堂에 봉안되어 있던 어진을 임시로 옮겨와 보관하는 정도에 지나지 않았던 것이다.

◆ 실록에 등장하는 집옥재 기사

고종 28	1891. 7. 13	집옥재 이건(移建)을 명하는 내용이 처음 등장한다.
고종 30	1893. 8. 1	각 국 공사(公使)를 접견하고 음식을 대접하였다.
고종 30	1893. 8. 26	일본공사 오토리 게이스케를 접견하였다. (오토리 게이스케는 두 달전 조선에 부임하였으며, 다음해 군대를 이끌고 경복궁을 점령한 인물이다.)
고종 30	1893. 8. 27	오스트리아공사 로제트 비르게본을 접견하였다.
고종 31	1894. 3. 25	미국공사 실 존(Sill, John M.B.)을 접견하였다.
고종 33	1896. 8. 31	집옥재에 있는 어진(御眞)을 경운궁 별당으로 이봉(移奉)하였다.

(4) 경회루

① 경회루의 연혁

경회루는 왕과 왕비의 침전 서편에 담장 하나를 사이에 두고 인접하여 연못 안에 조성된 대형 누각건물이다. 조선초기에는 조그만 누각건물이었고, 주위는 습지였다고 한다. 태종 때 지반 침하로 누각이 기울자 건물의 수리를 지시하였는데, 공조판서 박자청이 누각의 규모를 확장하고 연못을 조성하여 현재 모습의 근간을 갖추었다. 이후 경회루는 지속적인 보수를 통해 유지되었으나, 임진왜란 때 소실되어 조선말기까지 방치되었다. 고종 즉위 후에는 경복궁 재건과 함께 경회루도 중건되었으며, 이후 일제강점기와 한국전쟁의 위기를 무사히 넘기고 현재의 모습으로 남아 있다.

경회루 전면

경회루 배면

◈ 경회루 연혁

태종 12	1412년	창건, 공조판서 박자청
세종 15	1433년	보수
성종 5	1474년	전면 보수, 돌기둥에 용문양 장식
중종 15	1520년	보수
선조 25	1592년	소실, 임진왜란
고종 4	1867년	중건

② 경회루의 특징

경회루는 태종의 지시에 의해 하륜이 지어 바친 이름으로,[15] "임금과 신하가 덕으로 만나서 연회를 베푸는 장소"[16]라는 의미를 담고 있다. 경회루는 이외에도 출진하는 장수를 위로하고, 사신을 접대하며, 과거시험을 보는 등 다양한 목적으로 활용되었다. 특히 기우제에 대한 기록이 눈에 띄는데, 임진왜란 이후 경복궁이 폐허가 된 이후에도 기우제祈雨祭 의식만은 경회루에서 지속적으로 거행되었다.

이 외에도 경회루에서는 예기치 않은 일들도 종종 발생하였다. 세종이 산책 나왔다가 몰래 들어와 경회루를 감상하고 있던 신하를 발견하고 신하의 재치와 총명함에 감탄하여 벼슬을 높여준 적이 있는가 하면,[17] 세조가 단종으로부터 왕위를 찬탈한 뒤 성삼문을 통해 어보를 전달받은 곳

---

15) 『태종실록』 1412년(태종 12) 6월 4일 정사.

16) 『증보문헌비고』, 君臣宴會之所. "임금과 신하가 연회를 여는 곳".
『동문선』 제81권 「慶會樓記」, 『신증동국여지승람』 「京都上」
慶會者 君臣之相遇以德也. "경회란 임금과 신하가 덕으로 만나는 것이다".

도 경회루다.[18] 그런가하면 연산군은 이곳 경회루에서 기생들과 어울려 흥청망청 연회를 베풀어 오점을 남기기도 했다.[19]

임진왜란 이후 방치되던 경회루는, 고종 때 유학자 정학순丁學淳에 의해 새롭게 거듭났다. 정학순은 경회루에 주역의 원리를 적용하여 삼라만상의 이치와 화재예방에 대한 벽사의 의미를 담아내었다. 경회루에 대한 설계원리를 담고 있는 『경회루전도』는 한국의 국립중앙도서관과 일본의 와세다대학에 각각 1본씩 보관되어 있다. 이 두 본의 내용은 미묘한 차이가 있어 해석상의 논란이 되기도 하지만, 주역의 원리 적용과 화기 제압에 대한 원천적인 내용은 유사하다.

◆ 경회루의 건축적 특징

기능	신하와 연회, 사신 접대, 과거시험, 출진장수 위로, 기우제 등
상징	천지운행 원리, 화재 예방
연못 규모	정면 × 측면 = 128m × 113m
기단 규모	정면 × 측면 = 40m × 50m
건물 규모	정면 × 측면 = 7칸 × 5칸
잡상 개수	11개, 우리나라 전각 중 잡상의 수가 가장 많다.

◆ 경회루에 적용된 사상적 특징

삼신사상	세 개의 섬, 봉래산·방장산·영주산을 의미 유사 사례 - 남원의 광한루와 경주의 안압지
유가사상	기둥의 개수와 건물의 칸수에 주역의 원리 도입
풍수사상	『금낭경』 界水則止. "땅속을 흐르는 생기는 물을 만나면 전진을 멈춘다." 자하문 쪽에서 흘러온 물이 멈추지 않고 계속 흘러가 버리면 경복궁의 생기(生氣)도 함께 흘러간다고 인식
음양오행	수기(물의 기운)를 극대화하기 위해, 오행의 상생상극 원리 활용
민간신앙	용은 물을 상징한다는 의미를 활용 용의 의미를 오행에 대입하여 水氣를 극대화

---

17) 『연려실기술』 제6권 「成宗朝故事本末」.
　　세종은 경회루에서 우연히 마주친 구종직(丘從直)이 『춘추』 한 권을 암송하자, 이에 감탄하여 그를 정9품 교서관 정자(校書館正字)에서 정5품인 홍문관 부교리(副校理)에 임명하였다.

18) 『연려실기술』 제4권 「端宗朝古事本末」.

19) 『연려실기술』 제6권 「燕山朝故事本末」.

경회루 외부

경회루 내부

화산별곡은 대제학 변계량[20]이 조선의 도읍지와 태평성대를 찬양한 노래이다. 변계량은 화산별곡 2장에서 경회루의 절경을 삼신산(봉래산·방장산·영주산)에 견주어 묘사하였다.

慶會樓 廣延樓 崔巍敞豁	경회루·광연루 높기도 높을사 넓으나 넓어 시원도 하다.
軼烟氛 納灝氣	인애는 걷히고 맑은 기운 불어든다.
遊目天表 江山風月 景槩萬千	하늘 밖에 눈을 놀리니 강산풍월 경개도 천만 가지
宣暢鬱堙	답답한 심회를 활짝 풀어준다.
偉 登覽 景其何如	아! 올라보는 경 긔 어떠하니잇고.
蓬萊方丈 瀛洲三山 再唱	봉래(蓬萊) 방장(方丈) 영주(瀛洲) 삼신산 (두 번 창한다)
偉 何代可覓	아! 어느 시대에 찾아 볼꼬.

－ 변계량, 화산별곡(華山別曲)[21]

③ 한옥에서 한 칸의 의미

현대건축의 규모는 층수와 면적으로 판단한다. 전통시대에는 주로 '칸間'이란 단위를 사용하였는데, 칸間에는 두 가지 의미가 있다. 하나는 두 기둥사이에 생성되는 선적공간線的空間을 한 칸이라고 하며, 다른 하나는 네 개의 기둥으로 생성되는 면적공간面的空間을 한 칸이라고 한다.

---

20) 변계량(卞季良, 1369~1430) 조선전기의 문신. 호는 춘정(春亭). 대제학 재임 시 외교문서를 거의 도맡아 지었으며, 왕명이나 왕실기록 및 관인문학의 규범을 세웠다. 화산별곡(華山別曲)과 태행태상왕시책문(太行太上王諡册文)을 지어 조선왕조의 건국을 찬양하였으며, 『태조실록』 편찬과 『고려사』 개수에도 참여하였다.

21) 『세종실록』 1425년(세종 7) 4월 2일 신축. 『춘정집』 조규익.

　아래의 평면도에서 전자의 개념으로 표현할 땐 '정면 5칸, 측면 3칸 건물'이라고 하며, 후자의 개념에 의하면 '15칸 건물'이라고 한다. 전자의 표현은 건물의 정면과 측면의 기둥 구성이 3x5인지 5x3인지에 대한 정보를 보다 명확히 알 수 있으며, 후자의 표현은 건물 전체의 규모를 한 번에 판단할 수 있는 장점이 있다.

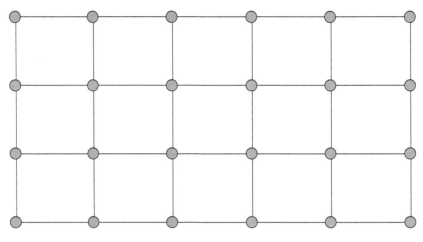

정면 5칸, 측면 3칸의 건물 평면

◈ 한 칸의 의미

선적 의미	기둥 2개로 구성되는 선적 공간이 한 칸이다. 위의 사례는 정면 5칸, 측면 3칸이라고 말한다. 한 건물의 가로 크기와 세로 크기를 알 수 있는 장점이 있다. 즉 정면과 측면의 크기를 명시적으로 밝힘으로써 단일 건물에 대한 크기를 보다 명확히 말할 수 있다.
면적 의미	기둥 4개로 구성되는 면적 공간이 한 칸이다. 위의 사례는 기둥 4개로 형성되는 공간의 합, 즉 5x3 이므로 15칸이다. 한 건물뿐만 아니라 건물군의 전체 규모를 알 수 있는 장점이 있다. 건물이 'ㄱ'자 또는 불규칙한 형태인 경우 '선적' 개념만으로는 표현할 수 없다. 즉 10칸 건물, 15칸 건물, 20칸 건물을 모두 합하여 45칸 건물이라고 하는 등 건물군에 대한 규모도 한 번에 밝히는 효과가 있다.

창덕궁 인정전 / 5칸 ×4칸, 20칸 건물

자선당 / 7칸 ×4칸, 28칸 건물

수정전 / 10칸 ×4칸, 40칸 건물

경회루 / 7칸 × 5칸, 35칸 건물

　대궐처럼 규모가 큰 양반집을 흔히 '99칸 집'이라고 부른다. '99칸'이란 특정한 숫자를 지칭하는 것이 아니라 '규모가 크다'는 점을 강조하는 말이다. 우리나라를 '삼천리 금수강산'이라고 하는데, 여기서 '삼천리'는 막연하지만 관념적으로 큰 거리임을 강조하는 것과 같은 표현방식이다. 조선시대 가옥규모에 대한 법률인 가사규제家舍規制에 의하면, 왕자나 공주라 하더라도 집의 규모가 60칸을 넘을 수 없었으며, 대소신료와 사대부는 40칸 이하이고, 일반 서민은 10칸 이상의 집을 소유할 수 없었다. 허용된 규모가 너무 작다 보니, 법률을 위반하는 사례가 속출하여 조선왕조 내내 고소·고발도 끊이지 않았다. 따라서 '99칸 집'이란 조선왕조에서 법적으로 일반인이 소유할 수 없는 가옥 규모였던 것이다.

◆ 조선시대 가사규제(家舍規制)

年度	根據	大君	君·公主	翁主·宗親 二品以上	二品以下	庶人
1431년 (세종 13)	세종실록 1월12일	60間	50間	40間	30間	10間
1440년 (세종 22)	세종실록 7월27일	60間	50間	40間	30間	10間
1449년 (세종 31)	세종실록 1월26일	60間	50間	40間	30間	10間
1469년 (예종원년)	經國大典	60間	50間	40間	30間	10間
1478년 (성종 9)	성종실록 1월16일	60間	50間	40間	30間	10間
1865년 (고종 2)	大典會通	60間	50間	40間	30間	10間

경복궁은 창건 당시에는 755칸[22] 정도였던 것이 점진적으로 확장되었으나 임진왜란 때 다른 궁궐들과 마찬가지로 완전히 소실되었다. 고종 즉위 이후 대대적으로 중건되었지만, 일제 때 다시 4,000여 칸 이상의 전각이 민간에 팔리거나 철거되었다. 이처럼 우리나라 궁궐건축은 임진왜란과 일제시기를 거치면서 대부분 소실되거나 사라져 버렸다.

현재 경복궁에 남아있는 전각 중에서 가장 규모가 큰 건물은 강녕전·수정전(40칸)·교태전(36칸)·경회루(35칸) 등이다. 왕과 왕비의 침전인 강녕전과 교태전은 1920년 창덕궁 복원 공사에 활용하기 위해 이건(移建)해 버렸지만, 수정전과 경회루는 다행히 훼손되지 않고 원형을 유지한 채 남아 있다.

---

22) 『태조실록』 1395년(태조 4) 9월 29일 경신.
처음 준공 당시 경복궁의 규모는 약 755칸이었다. (내전 영역 173칸, 외전 영역 192칸, 기타 건물 390칸)

④ 기둥의 의미

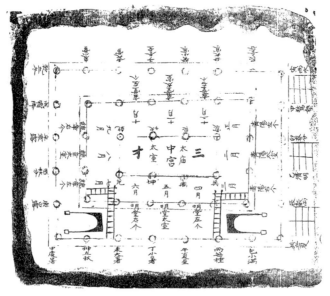

국립도서관본

경회루를 설계한 정학순은 기둥의 형태와 개수의 조합을 통해 자연의 질서와 화재 예방에 대한 염원을 동시에 표현하였다. 기둥의 형태는 사각형과 원형으로 구분하였으며, 평면적으로는 내부기둥·중간기둥·외부기둥의 삼중으로 배치하고 의미를 부여하였다.

◈ 기둥의 의미

내부기둥	3칸	8개의 기둥으로 형성된 3칸을 삼재(三才)라고 표기하였다. 삼재란 天地人을 말하는데, 여기서는 太室·中宮·太廟라고 표기하였다. 특히 왕을 상징하는 中宮은 크고 진하게 표기하여 강조하였다.
내부기둥	8개	태극의 괘상을 문왕팔괘의 순서에 따라 배치하였다. 문왕팔괘 - 乾·坎·艮·震·巽·離·坤·兌
중간기둥	12칸	내부와 중간기둥 사이에 형성된 12칸에 12개월을 나타내었다.
외부기둥	24개	24방위와 24계절을 나타내었다.
기둥형태		내부기둥 24개는 원형이고, 외부기둥 24개는 사각형이다. 동양에서는 전통적으로 天·圓·陽, 地·方·陰이라 생각하였는데, 이는 음양이 서로 결합하여 우주의 질서를 이룬다는 의미이다.

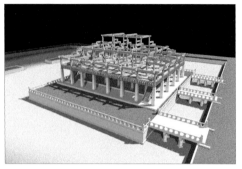

경회루 골조

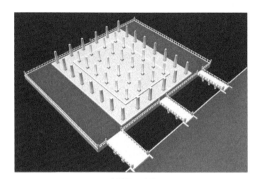

경회루 기둥

⑤ 오행의 원리

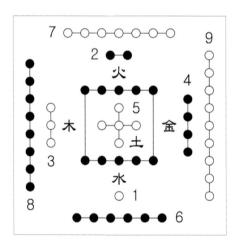

하도(河圖)

◈ 생수와 성수

생수(生數)	1·2·3·4·5
성수(成數)	6·7·8·9·10

◈ 오행과 숫자

북	남	동	서	중앙
수	화	목	금	토
1·6	2·7	3·8	4·9	5·10

정학순은 기둥을 통해 제시한 평면도를 「慶會樓三十六宮之圖」라고 명명하여, 경회루 구조의 근간이 36궁에 있음을 암시하였다. 36이란 숫자는 6과 6을 곱한 숫자이며, 6은 주역에서 물을 상

징한다. 즉 36이란 물을 상징하는 두 수를 곱한 것이니 물 기운의 극대화를 의미한다.

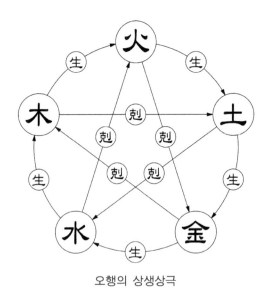

오행의 상생상극

◈ 상생상극

상생관계	상극관계
목생화	목극토
화생토	토극수
토생금	수극화
금생수	화극금
수생목	금극목

　오행사상은 우주를 구성하는 기운을 木火土金水 다섯 가지로 분류한다. 그리고 이 다섯 가지 요소는 서로 영향을 주고받으며 주어진 기능을 수행한다. 이때 조화를 이루어 성장하는 기능을 상생이라고 하며, 견제하고 제어하는 기능을 상극이라 한다. 정학순은 오행의 상생상극 원리를 이용하여 경복궁에 피해를 주는 화기를 제압하고자 했다. 즉 상생상극 원리에 의하면 물로서 불을 제압

하는 관계는 '水克火'가 되기 때문에, 자연계에서 불을 제압할 수 있는 요소는 물이라는 것이다.

다시 위에서 언급한 36궁으로 돌아가 보자. 36궁은 6×6을 의미하며 6은 물을 상징하므로, 36이란 물의 극대치를 의미한다. 정학순은 이 36이란 개념을 경회루 구조에 적용하였다. 그런데 경회루는 '정면 7칸, 측면 5칸'으로 구성된 35칸 건물이다. 35란 숫자는 '36궁'에서 '1'이 부족한 숫자이다. 정학순은 이 부족한 '1'을 보완하기 위해, 그림 속에 '중궁中宮'이란 글자를 가장 크고 두껍게 강조하여 표기해 놓았다. 중궁은 왕 또는 절대자를 상징하므로 부족한 하나를 보완하기에 충분하다고 여겼던 것이다. 참으로 기발한 발상이다.

경회루 중궁(中宮)

⑥ 용과 상생상극

경회루에서 출토된 동룡 / **출토** : 국립고궁박물관

1997년 경회루 연못 준설작업을 하면서 연못의 물을 빼낸 적이 있는데, 경회루 북쪽에서 길이 146cm, 무게 66kg의 대형 동룡銅龍 한 마리가 발견되었다. 경회루의 건축원리를 담고 있는 『경회

루전도』에 의하면 경복궁의 화재를 방지하기 위해 구리로 만든 용 두 마리를 연못에 넣었다고 한다. 『경회루전도』는 우리나라 국립중앙도서관과 일본 와세다대학에 한 본씩 소장되어 있다. 그런데 국립중앙도서관본은 동룡을 경회루 남쪽에, 와세다대학본은 북쪽에 넣었다고 기록하고 있다. 정학순이 두 본의 내용을 다르게 기술한 것인지, 두 본의 저자가 다른 것인지는 아직 밝혀지지 않았다. 다만 두 본에서 동룡의 위치를 다르게 기술하고 있음에도 불구하고, 동룡을 통해 경회루 연못의 수기水氣를 증진시켜, 궁궐에 존재하는 화기火氣를 제압하고자 하는 논리는 동일하게 전개된다.

동룡의 위치가 남쪽과 북쪽으로 각기 다른 조건임에도 불구하고 수기를 증진시키는 동일한 결과를 도출해 낸다는 사실이 놀랍다. 관념으로만 존재하는 형이상학적 논리를 자연계의 현상세계에 적용했다는 점에서 더욱 그러하다. 문제는 당시의 세계관을 공공건물에 접목시켜 상징과 의미가 부여된 작품으로 완성시켰다는 점이다. 이러한 점을 감안하면 경회루는 가히 논리와 상징을 공학에 접목시켜 예술적으로 승화시킨 건축작품이라고 평가할 수 있을 것이다.

⑦ 국립중앙도서관본의 해석

池之南潛銅龍, 二銅者火色二者火數, 龍者乾九之象, 乾在先天爲离火之本位, 欲制其流先治其本, 是故以龍象, 乾以九配六, 以金生水, 以水克火, 合造化而成神變也.

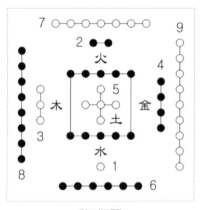

하도(河圖)

선천팔괘도

◈ 오행과 숫자

재료	동룡	금
방위	남쪽 = 乾	·
용	乾 = 9	금
물	坎 = 6	수
36궁	6 × 6	수
숫자	2마리	화

국립도서관본은 하도河圖와 선천팔괘先天八卦를 통해 동룡의 의미를 해석하였다.

원문의 내용을 정리하면 다음과 같다.

① 동룡은 재료가 금속이므로 오행상 金이다.

② 용을 남쪽에 넣은 이유는 남쪽은 선천팔괘의 乾에 해당하며, 乾은 『주역』에서 9에 해당하고, 9는 오행상 金이다.

③ 물은 하도에서 숫자 6에 해당하며, 경회루 36궁은 6x6이어서, 매우 큰물을 상징한다.

④ 용 2마리에서 숫자 2는 오행상 火이다.

⑤ 즉 동룡을 통해 오행의 상생작용인 金生水의 과정을 통해 물의 기능을 강화시키고, 경회루의 36궁을 통해 수기水氣를 더욱 극대화시킨다. 이렇게 증강된 수기운을 통해 화기火氣를 억제한다.

⑧ 와세다대학본의 해석

池之北潛銅龍, 二銅者火色二者火數, 寘于北者, 坎六之方也, 此亦藏火于水者也, 且龍者, 能陰能陽, 能水能火, 是故以龍象乾, 以九配六以六包二, 以金生水, 以水克火, 合造化而成變化也.

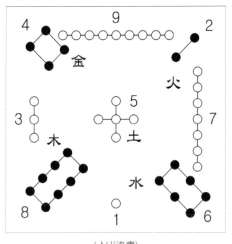

낙서(洛書)

후천팔괘도

◈ 오행과 숫자

재료	동룡	금
방위	북쪽 = 坎	수
물	坎 = 6	수
36궁	6 × 6	수
색깔	붉은색	화
숫자	2마리	화

와세다대학본은 낙서洛書와 후천팔괘後天八卦를 통해 동룡의 의미를 해석하였다.

원문의 내용을 정리하면 다음과 같다.

① 동룡은 재료가 금속이므로 오행상 金이다.

② 동룡을 넣은 북쪽은 후천팔괘에서 坎이고, 坎은 물이며, 물은 오행상 水이다.

③ 경회루 36궁은 6×6 이어서, 매우 큰물을 상징한다.

④ 용의 붉은색과 숫자 2는 오행상 火이다.

⑤ 즉 동룡을 통해 오행의 상생작용인 金生水의 과정을 통해 물의 기능을 강화시키고, 경회루의 36궁을 통해 수기水氣를 더욱 극대화시킨다. 이렇게 증강된 수기운을 통해 화기火氣를 억제한다.

(5) 자경전

자경전은 경복궁에서 가장 화려하고 규모가 큰 전각 중 하나이다. 경복궁을 중건한 흥선대원군의 각별한 관심과 배려의 결과이다. 이 과정을 이해하기 위해서는 조선후기 세도정치기의 상황에 대한 이해가 필요하다. 개혁군주 정조가 승하할 당시 세자는 겨우 11세 소년이었다. 그래서 어린 순조가 즉위하자 영조비 정순왕후가 정사를 대신하였지만 순조의 장인 김조순에 의해 3년만에 수

렴청정을 거두고 하야하였다.[23] 안동김씨는 이때부터 고종이 즉위하는 1863년까지 정권을 장악하였으므로, 세간에서는 이 60년 세월을 안동김씨 세도정치기라 한다. 이 기간 순조·헌종·철종 임금의 왕비가 모두 안동김씨 문중에서 배출되었다.

왕비를 배출한 안동김씨 가계도

어린 나이에 왕위에 오른 순조는 안동김씨 세도정치를 극복하고자 세자가 장성하여 19세가 되자 일찌감치 대리청정을 맡기고 2선으로 물러나 연경당에 거처하였다. 그리고 세자빈을 안동김씨가 아닌 풍양조씨로 들여 정치적 세력분산을 꾀하였다. 그런데 심성 좋고 영민하여 성군으로 촉망받던 효명세자[24]는 불행히도 22세의 꽃다운 나이에 5세의 어린 왕자를 남겨두고 요절하고 말았다. 순조가 승하하자 효명세자의 외아들 헌종이 조선왕조 최연소인 8세에 즉위하였고, 정권은 다시 순조비이자 헌종의 할머니인 순원왕후와 외척인 안동김씨에게 돌아갔다.

---

23) 『순조실록』 1803년(순조 3) 12월 28일 기축.

24) 효명세자(孝明世子, 1809~1830) 순조의 아들. 1827년(순조 27) 부왕인 순조의 명으로 대리청정을 하면서 인재를 널리 등용하고, 형옥을 삼가며, 민정에 힘썼으나 불행히도 22세의 젊은 나이에 요절하였다. 이후 풍양조씨·안동김씨·반남박씨 등 외척세력의 대립이 더욱 격화하여, 조선후기의 민생을 도탄상태에 몰아넣고 말았다.

자경전 전면

자경전 후원

어린 나이에 즉위한 헌종 역시 안동김씨·풍양조씨·반남박씨 등 친인척으로 구성된 외척 세력에 둘러싸여 제대로 된 정치적 날개를 펼쳐보지 못하고 후손도 없이 23세에 요절하고 말았다. 이때 후계왕 지명권자는 왕실의 최고 어른인 순조비 순원왕후였다. 정상적인 경우라면 항렬行列을 고려하여 촌수가 헌종의 아래인 왕족 중에서 양자로 입적하여 승계시켜야 마땅하였다. 그런데 순원왕후는 이러한 질서를 무시하고 전계대원군의 아들 철종을 자신의 양자로 입적시킨 후, 왕위를 계승토록 하였다. 철종의 왕위 계승은 조선왕실 최초로 항렬이 무시된 사례가 되었다.[25]

◈ 세도정치기 왕실의 외척세력

본관	호칭	남편	아버지
반남박씨	수빈박씨	정조	판의금부사 박준원
안동김씨	순원왕후	순조	영안부원군 김조순
	효현왕후	헌종	영흥부원군 김조근
	철인왕후	철종	영은부원군 김문근
풍양조씨	신정왕후	효명세자	풍은부원군 조만영

---

25) 『헌종실록』 1849년(헌종 15) 6월 6일 임신.
   일반적으로 선왕이 승하하면 후계왕은 5일 후 즉위식을 거행한다. 그런데 대왕대비 순원왕후는 헌종이 승하한 날 철종을 후계왕으로 지목하고 3일만에 즉위식을 거행토록 명하였다. 당시의 비정상적이고 급박했던 정황이 읽히는 대목이다.

그런데 철종이 왕자를 생산하지 못하고 승하하면서 왕위 계승 문제는 다시 불거졌다. 이때 후계왕을 지명할 수 있는 왕실의 최고 어른은 신정왕후 풍양조씨였던 것이다. 지금까지 풍양조씨는 시어머니인 순원왕후 때문에 자신의 의견을 내지 못하였지만 철종이 후사 없이 승하하자 홍선대원군과의 밀담을 통해 홍선대원군의 둘째 아들 명복을 자신의 양자로 입적시켜 왕위를 잇게 한 것이다. 이를 계기로 안동김씨의 세도정치가 막을 내리고 풍양조씨와 홍선대원군이 정치일선에 등장하게 되었다.

자경전은 1867년(고종 4) 경복궁을 중건하면서 고종의 양어머니인 조대비(신정왕후)를 모시기 위해 마련한 전각이다. 홍선대원군은 자신의 아들이 보위를 잇게 해준데 대한 보은의 의미에서 신정왕후의 처소인 자경전 공사에 각별한 정성을 들였다고 한다. 그러나 불행하게도 자경전은 1873년(고종 10)과 1876년(고종 13)의 연이은 화재로 재건과 소실을 반복하다, 1888년(고종 25)에 재중건되어 오늘에 이른다. 자경전은 일제시대를 거치면서도 훼철되지 않고 남아있는 몇 안 되는 전각 중 하나로서 현재는 보물 제809호로 지정되어 있다.

만세문(萬歲門)

협경당(協慶堂)

교태전이 유교적 성격의 전각 배치와 도교적 성격의 후원 조성을 특징으로 한다면, 자경전은 만수무강을 강조하기 위한 꽃담과 십장생굴뚝이 단연 돋보인다. 꽃담은 담벼락을 문양이나 문자로 장식한 담장을 말하며, 화초담花草墻 또는 화문담花文墻이라고도 한다. 꽃담의 장식에는 화장벽돌·기와·전돌·자연석 등의 재료가 사용된다.

화장벽돌은 건축물의 벽면을 장식하기 위해 제작한 일종의 외장타일인데, 치장벽돌 또는 외장벽돌이라고도 한다. 화장벽돌은 건물의 외벽을 장식하기 위해 사용하는데, 장식효과를 높이기 위해 색상·형태·질감 등을 선택하여 특별히 제작한 것이다. 궁궐에서는 주로 화장벽돌을 사용하였고, 민간에서는 기와·전돌·자연석 등을 곱게 다듬어 사용하였다.

꽃담은 주로 여성의 거주공간에 가설되며, 창덕궁 낙선재樂善齋나 돈암서원 숭례사崇禮祠 등과 같이 격이 높은 남성의 공간에 가설되기도 한다. 장식의 내용은 다산·건강·장수를 염원하는 상징이 일반적이지만, 태극문양이나 경전의 문구를 사용하기도 하고, 단순히 꽃이나 추상적 무늬를 사용하기도 한다.

꽃담

십장생굴뚝

자경전 건물의 특징 중 하나는 정문의 양식이다. 자경전의 정문인 만세문萬歲門은 다른 전각과 달리 평대문으로 되어 있는데, 이는 신정왕후가 여성이기 때문이다. 성리학이 지배 이념이었던 조선시대는 남녀의 차별을 엄격히 구분하였다. 남녀 차별에 대한 구분은 정치·문화·사회 전반에 걸친 것으로 주거의 배치 및 형태에도 영향을 미쳤다. 남성의 공간은 사랑채를 중심으로 전면에 배치되었고, 여성의 공간은 안채를 중심으로 후면에 배치되었다. 특히 사랑채 영역이 외부세계에 대해 개방적인 배치 형태를 하고 있는 반면, 안채 영역은 높은 담장으로 둘러싸인 폐쇄적인 배치 형태를 하고 있다.

차별의 또 다른 유형이 문의 형태인데, 사랑채의 출입문은 솟을대문이고 안채의 출입문은 평대문이다. 대문의 좌우에는 하인들이 거주하는 행랑채 또는 마굿간이나 창고가 연결되기도 한다. 이 때 대문의 지붕 끝선이 부속건물이나 담장보다 높으면 솟을대문이고, 동일하면 평대문으로 구분한다.

자경전

자경전 만세문

창덕궁에는 이러한 민가양식을 갖추고 있는 전각으로 연경당延慶堂과 낙선재樂善齋 두 곳이 있다. 연경당의 사랑채 출입문은 솟을대문長陽門이고, 안채 출입문은 평대문修仁門이다. 그리고 낙선재 역시 사랑채는 솟을대문長樂門으로 처리한 반면, 안채인 석복헌錫福軒은 평대문이며 별도의 현판도 달지 않았다.

낙선재 솟을대문

낙선재 평대문

강릉의 고택 선교장船橋莊 역시 사랑채는 솟을대문, 안채는 평대문으로 하여 남녀의 위계를 분명하게 구분하고 있다.

강릉 선교장

선교장 솟을대문

9. 자경전 꽃담

(1) 매화
(2) 복숭아
(3) 석류
(4) 모란
(5)·(6) 국화
(7) 진달래
(8) 대나무

꽃담이란 화장벽돌을 이용하여 각종 문양으로 아름답게 치장한 담장을 말한다. 경복궁은 자경전과 교태전에 꽃담이 있다. 자경전과 교태전은 왕비와 대비가 거처하는 공간이다. 이곳에서는 고즈넉한 후원과 화려하게 치장된 꽃담을 통해 지체 높은 여성이 거주하는 공간임을 느낄 수 있다. 이곳만큼은 다른 곳과 달리 분위기가 유연하고 화려하며 자유분방하기 때문이다.

자경전의 꽃담에는 벽돌을 이용한 문양 이외에 별도로 제작한 8점의 그림이 사람들의 발걸음을 멈추게 한다. 흰색 회벽에 검붉은 소조편塑造片으로 사군자 등 초목을 묘사한 것인데, 흰색 바탕에 붉은색 벽돌이 절묘한 조화를 이루고 있다. 이번 장에서는 꽃담에 장식된 8점의 그림을 대상으로 그 의미를 인문적 관점에서 감상해 보기로 한다.

자경전 꽃담의 그림 속에는 다른 곳과 달리 나비가 많이 등장한다. 나비는 엄동설한을 지나 만물이 생동하는 계절에 찾아오는 '봄의 전령사'로서, 자유·사랑·화목·즐거움을 상징한다. 흔히 사랑하는 연인을 꽃과 나비에 비유한다. 그래서 나비는 금슬 좋은 부부를 상징하기도 한다. 특히 나비문양은 다른 상징들과 함께 등장하여 다양한 내용으로 해석되며, 혼수품·베갯모·매듭·가구 등 생활용품에도 폭넓게 활용되고 있다.

◆ 나비의 상징

고양이 + 나비	70세 이상의 장수 기원
국화 + 나비	80세 이상의 장수 기원
모란 + 나비	부귀영화
연꽃 + 나비	자손번창
당초무늬 + 나비	자손번창, 장수

특히 자경전과 교태전의 꽃담에는 꽃과 나비를 조합한 화접문양花蝶紋樣이 많아 화려한 장식효과가 돋보인다. 화접문양 속의 나비는 국화·모란·연꽃 등과 함께 등장하여 장수와 자손번창과 부귀영화에 대한 염원을 상징한다.

교태전 꽃담

교태전 화접문양(花蝶紋樣)

무엇보다 자경전 꽃담에 나비가 많은 이유는 장수와 관련이 있다. 왕의 어머니인 대왕대비가 거처하는 곳이기 때문이다. 고양이猫는 70세 노인耄과 중국어 한자발음이 동일하고, 나비蝶는 80세 노인耋과 동일하다. 그래서 고양이와 나비를 그린 그림을 모질도耄耋圖 또는 묘접도猫蝶圖라고 한다.

◈ 발음과 의미

묘	猫	고양이
모	耄	70세 노인
접	蝶	나비
질	耋	80세 노인

따라서 김홍도의 황묘농접도黃猫弄蝶圖나 심사정[1]의 묘접도에 등장하는 나비와 고양이는 모두 장수를 상징한다. 이와 같이 옛 화가들은 화폭에 나비나 고양이를 등장시켜 장수의 의미를 표현하였다.

---

1) 심사정(沈師正, 1707~1769) 조선후기의 화가. 겸재 정선·관아재 조영석과 함께 삼재(三齋)로 일컫는다. 정선의 문하에서 진경산수회를 전수받았으며, 중국 전통의 절파와 남종화풍을 수용하여 자신만의 독자적인 화풍을 이루었다. 화훼·초충·영모·사군자에도 능했다.

황묘농접도, 김홍도 / 출처 : 간송미술관   묘접도, 심사정 / 출처 : K-Auction

(1) 매화

◈ 매화의 상징

매화	순결, 절개, 군자, 장수, 행복
사군자	매화, 난초, 국화, 대나무
매화 + 달	매초상월(梅梢上月), 미수상락(眉壽上樂) 눈썹이 하얘지도록 장수하는 기쁨을 기원
매화 + 까치	즐거움이 가득하길 기원

매화는 이른 봄에 홀로 피어 봄소식을 전해주는 꽃이며, 맑은 향기와 우아한 자태로 순결과 절개를 상징한다. 매화는 잔설이 남아있는 한겨울에도 고운 꽃을 피우고 맑은 향기를 발산하므로, 설중매雪中梅·한매寒梅·동매冬梅 라고도 한다. 이와 같은 매화의 강인한 생명력은 불의에 굴하지 않는 군자의 기상에 비유되면서 난초蘭·국화菊·대나무竹와 더불어 사군자四君子라 부르기도 하고, 소나무松·대나무竹와 함께 세한삼우歲寒三友라 일컫기도 한다.

매화의 지조와 정절에 대한 이미지는 여성의 장식품에도 영향을 주었다. 여인의 머리를 치장하기 위해 매화로 장식한 비녀를 매화잠梅花簪이라 하고, 매화와 대나무를 함께 장식한 것을 매죽잠梅竹簪이라고 한다. 생활용품에 매화나 대나무 등을 장식하여 시대가 요구하는 지조와 정절을 강조한 것이다.

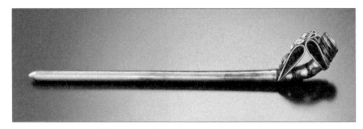

영친왕비 도금매죽잠 / 출처 : 국립고궁박물관

단종은 어린 나이에 숙부에게 왕위를 빼앗기고 죽임을 당하는 비운의 왕이다. 수양대군은 보위를 찬탈하기 위해 가장 먼저 안평대군[2]을 제거하였다. 그리고 성삼문[3]과 김시습은 단종에게 충절을 다했던 대표적인 신하들이다. 그런데 이들의 호號가 재미있다. 안평대군과 성삼문의 호가 매죽헌梅竹軒으로 동일하고, 김시습의 호는 매월당梅月堂이다. 모두 군자의 지조와 절개를 상징하는 매화梅花를 대상으로 하고 있다. 어린 군왕에 대한 이들의 충성스런 행동이 호號 속에도 잘 드러나 있는 것이다.

溫溫人似玉	온화한 사람은 옥과 같은데
藹藹花如雪	애연히 핀 꽃이 눈만 같아라.
相看兩不言	서로 보고 양쪽 다 말이 없어
照以靑天月	하늘에 뜬 밝은 달로 비추네.

　　　　　　　－ 성삼문(成三問), 매창소월(梅窓素月)[4]

---

2) 안평대군(安平大君, 1418～1453) 세종대왕의 셋째 아들이며, 수양대군의 동생. 학문과 예술에서 뛰어난 재능을 보인 조선전기의 예술가이자 후원자였으며, 특히 글씨가 뛰어나 당대의 명필로 꼽혔다. 계유정난 때 강화도로 귀양 갔다가, 교동도에서 36세를 일기로 사사(賜死)되고 말았다.

3) 성삼문(成三問, 1418～1456) 조선전기의 문신·학자. 사육신의 한 사람으로서 조선왕조를 대표하는 충신이다. 단종복위운동의 실패로 아버지 성승과 동생 성삼빙·성삼고·성삼성 그리고 아들 성맹첨·성맹년·성맹종 및 갓난아이까지 모두 처형되었고, 여자들은 모두 노예가 되어 혈손이 끊겼다.

4) 『육선생유고』「성근보선생집」 비해당사십팔영(匪懈堂四十八詠), (한국고전번역원, 조동영 역).

大枝小枝雪千堆　크고 작은 가지마다 휘도록 눈이 쌓였건만
溫暖應知次第開　짐짓 따뜻함을 알아차려 차례로 피어나네.
玉骨貞魂雖不語　옥골(玉骨)의 곧은 혼은 비록 말이 없어도
南條春意最先胚　남쪽 가지 봄뜻 따라 먼저 꽃망울을 틔우네.
　　　　　　　　　- 김시습(金時習), 탐매(探梅) 『매월당집 12』[5]

　이황[6]은 매화를 좋아하여 도산서당 한 켠에 절우사라는 아담한 정원을 조성해 놓고 매화를 가꾸었으며, 매화를 예찬하는 수많은 시를 남겼다.[7] 평생 매화 가꾸기를 즐겼던 퇴계는, 임종을 앞두고도 매화에 물을 주라는 부탁을 잊지 않았다.

도산서당(陶山書堂)

절우사(節友社)

　그리고 절우사시(節友社詩)에서는 도연명이 군자의 참다운 벗으로 소나무·국화·대나무만 언급하고 매화를 빼놓은 것에 대해 아쉬움을 나타내었다.[8]

---

5) 이상희, 『우리 꽃문화 답사기』, 넥서스, 1999, p.56.
6) 이황(李滉, 1501~1570) 조선중기의 문신·학자. 이황은 성리학을 학문적 바탕으로 내면 수양의 기초가 되는 심성(心性)의 탐구에 주력하여, 조선 성리학 발달의 기초를 마련하였다. 인간의 마음은 어떤 경우든 도덕적 본성을 수양하고 살피는 자기 성찰의 태도가 필요한데, 그 바탕을 이루는 것이 경(敬)이라는 것이다. 그래서 퇴계는 도덕적 수양을 학문의 최고 가치로 삼았다.
7) 『매화시첩(梅花詩帖)』에 62제(題) 91수가 전한다.
　절우사(節友社)에는 매화 외에도 대나무·국화·소나무 등을 심었다.
8) 귀거래사(歸去來辭) : 도연명이 관직을 버리고 귀향한 뒤에, 돌아오게 된 배경과 심경을 적은 글. 이 시(詩) 속에는 "세 오솔길은 황량해졌지만, 소나무와 국화는 아직 남아 있네. 三徑就荒 松菊猶存"라는 내용이 있다. 지조 있는 자신의 품성을 닮은 세 가지 나무가 있어 마음의 위안으로 삼았다는 내용이다. 여기서 三徑은 한나라의 관리 장후(奬詡)가 은거하면서 집 앞의 대나무밭에 세 갈래의 길을 만들고, 은사(隱士)인 구중(求仲)과 양중(羊仲) 두 사람하

松菊陶園伴竹三	도연명의 동산은 솔·국화·대 세 가지라.
梅兄胡奈不同參	매화는 어찌하여 그 속에 못 끼었나.
我今倂作風霜契	나는 매화를 넣어서 친구를 맺었노니,
苦節淸芬儘飽諳	굳은 절개, 맑은 향기 너무도 잘 알았다오.

– 이황(李滉), 절우사시(節友社詩)[9]

매화의 또 다른 상징은 장수이다. 장수의 의미는 주로 그림을 통해 묘사하였는데, 여기에는 언어와 사물을 등치시켜 판단하는 동양의 독특한 문화가 한 몫 하였다. 회화에서는 이를 동음유감작화법[10]이라고 한다.

백매초白梅梢와 백미수白眉壽는 뜻이 전혀 다르다. 단지 중국식 한자발음이 동일할 뿐이다. 매초상월梅梢上月과 미수상락眉壽上樂 역시 마찬가지다.

◈ 발음과 의미

백매초 白梅梢	흰 매화가지
백미수 白眉壽	눈썹이 하얘지도록 장수
매초상월 梅梢上月	매화가지에 걸린 달
미수상락 眉壽上樂	장수하는 즐거움

하지만 옛사람들은 필요에 따라 발음이 같다는 이유만으로 서로를 동일한 것으로 취급하기도 했다. 그래서 매화 가지의 흰색을 강조하거나 보름달을 함께 그려놓고 장수를 상징하는 것으로 인식하였던 것이다.

이른 봄 볼품없이 늘어선 고목나무에 맑게 피어난 매화꽃은 나이든 노인이 젊음과 활력을 되찾는 회춘의 의미로 받아들였다. 따라서 매화는 고목에 꽃이 피어나도록 표현하여야 부활의 의미가 제대로 전달되는 것이다.

고만 교류하였다는 고사에서 따온 말이다.

9) 『대동야승(大東野乘)』 「해동잡록」 절우사시(節友社詩), (한국고전번역원, 권덕주 역).

10) 동음유감작화법(同音類感作畵法) : 의미있는 문구를 미리 정해 놓고 이것을 중국어 한자발음과 유사한 소재를 통해 화면을 재구성하는 방법을 말한다.

고매서작도, 조속
출처 : 간송미술관

월매도, 어몽룡
출처 : 서울대학교박물관

　신사임당의 친정이자 율곡 이이[11])가 태어난 강릉에선 오죽헌[12])말고도 율곡매栗谷梅를 빼놓을
수 없다. 율곡매는 조선초기의 문신이자 율곡의 조상인 최치운이 1500년 경 심은 것이라고 하는
데, 수령이 600년이고 높이가 9미터이며 매실이 크기로 유명하다. 신사임당과 율곡이 아꼈던 이
율곡매는 2007년 10월 8일 천연기념물 제484호로 지정되었다. 매화를 사랑했던 신사임당은 매화
그림을 즐겨 그렸으며, 맏딸의 이름도 매창[13])이라고 하였다.

　매화와 달을 함께 묘사한 그림을 월매도月梅圖라고 한다. 월매도는 작가의 의도에 따라 장수
이외에 우아한 서정적 분위기를 연출하는데도 효과적이다. 한겨울 달밤에 활짝 핀 매화꽃을 바라
보며 노래한 율곡의 시 한 수가 전한다.

11) 이이(李珥, 1536~1584) 조선중기의 문신·학자. 율곡은 성리학 이론을 전개함에 있어서 진리란 현실의 문제와 직
　　결되어 있으므로, 현실을 떠나서 별도로 구하는 것이 아니라고 보았다. 그래서 이이는 이황이 이(理)와 기(氣)를
　　분열적 대립으로 이해하는 이원적(二元的) 이기론에 동의하지 않았고, 불리(不離)의 관계에서 파악해야 한다고
　　주장하였다.

12) 오죽헌(烏竹軒)은 우리나라에 현존하는 가장 오래된 목조 민가건물이다. 오죽헌이란 이름은 건물 옆에서 자라는
　　까마귀처럼 검은색 대나무밭에서 유래하였다. (보물 제165호).

13) 이매창(李梅窓, 1529년~?) 신사임당의 5남3녀 중 장녀이다.

梅花本瑩然	매화는 본래부터 환희 밝은데
映月疑成水	달빛이 비치니 물결 같구나.
霜雪助素艶	서리 눈에 흰 살결 더욱 어여뻐
淸寒澈人髓	맑고 찬 기운이 뼈에 스민다.
對此洗靈臺	매화꽃 마주보며 내 마음 씻으니
今宵無點滓	오늘밤엔 한 점의 찌꺼기 없네.

— 이이, 매초명월(梅梢明月)[14]

오만원권 지폐 앞면에는 신사임당의 초상화가 있고, 뒷면에는 어몽룡[15]의 월매도月梅圖가 이정[16]의 풍죽도風竹圖를 배경으로 겹쳐져 있다. 신사임당과 동시대를 살았던 작가의 작품 중에서 선정한 것이라고 한다. 세찬 비바람에 휘지만 꺾이지 않는 대나무와 꼿꼿하게 우뚝 선 매화나무가 군자의 이미지와 함께 묘한 대조를 이루고 있다.

| 풍죽도, 이정 | 월매도, 어몽룡 | 오만원권 지폐 |
| 출처 : 간송미술관 | 출처: 국립중앙박물관 | |

14) 정민, 『한시 이야기』, 보림출판사, 2006, p.191.

15) 어몽룡(魚夢龍, 1566~1617) 조선중기의 선비화가. 묵매(墨梅)를 잘 그렸다. 묵죽(墨竹)의 이정·묵포도(墨葡萄)의 황집중과 함께 삼절(三絶)로 불렸다. 어몽룡의 묵매화는 굵고 곧게 뻗은 줄기와 간소한 구도와 단아한 분위기가 특징이다.

16) 이정(李霆, 1554~1626) 조선중기의 묵죽화가. 세종의 5세손으로 시서화에 능했다. 특히 대나무 그림을 잘 그려, 유덕장(柳德章)·신위(申緯)와 함께 조선시대 3대 묵죽화가로 꼽힌다. 이정은 풍죽도에서 바람에 나부끼는 대나무의 줄기와 잎을 정확하게 포착하여 탄력적으로 묘사하였다.

(2) 복숭아

◈ 복숭아의 상징
장수
생명, 탄생, 다산, 출발
선경, 낙원
벽사
애정, 화목, 번창

예로부터 복숭아는 선경仙境과 불로불사의 의미로 전승되었지만, 동진의 문인 도연명[17]을 거치면서 그 상징성이 보다 정착되었다. 도연명은 남북조시대, 즉 중국사 대분열기에 남조의 동진과 송이 교체되는 시기를 살았다. 중년의 나이에는 관직을 버리고 낙향하면서 「귀거래사」를 통해 군자의 기상과 절개를 세상에 널리 알렸다. 그리고 전쟁과 살육이 만연하는 현실세계를 벗어나 모두가 꿈꾸는 이상세계를 「도화원기」에 담았다. 도화원기에서 활짝 핀 복숭아꽃은 피안으로 가는 길을 인도하며, 복숭아꽃이 만발한 동산은 이상세계의 중심배경을 이루었다.

이후 복숭아 동산의 이상세계는 현실세계의 삶에 지쳐 안빈낙도를 꿈꾸던 지성인들의 커다란 반향을 불러일으켰다. 당나라의 이백李白 역시 중앙 정계에서 밀려난 이후 복사꽃이 만발한 경관을 완상하며 속세의 번민을 가다듬었다.

> 問余何事棲碧山　어이하여 푸른 산에 사느냐고 묻기에
> 笑而不答心自閑　웃고 대답 아니 해도 마음 절로 한가롭네.
> 桃花流水杳然去　복사꽃 흐르는 물 아득히 떠가거니

---

17) 도연명(陶淵明, 365~427) 동진말기부터 송대초기의 시인. 도연명은 41세에 펑쩌현(彭澤縣)의 현령을 사임하고 낙향하였다. 주요 작품으로는 귀거래사(歸去來辭)·도화원기(桃花源記)·오류선생전(五柳先生傳) 등이 있다. 생전에는 세상에 이름이 알려지지 않았지만, 당나라 이후 그의 작품은 점차 인정을 받았다. 전원에서 안빈낙도(安貧樂道)하는 그의 삶과 작품은 과거공부와 공무에 지친 많은 지식인들에게 대리만족과 정서적 위안을 주었다.

別有天地非人間　　또 다른 세상일래, 인간이 아니로세.
　　　　　　　　　　　　　　　　　　　　– 이백, 산중문답(山中問答)[18]

「몽유도원도」는 안견[19]이 안평대군의 꿈 이야기를 비단 바탕에 그린 수묵담채 산수화이다. 어느 날 안평대군은 박팽년·신숙주·최항과 함께 복숭아 동산을 유람하고 돌아온 이야기를 안견에서 들려주고 화폭에 담게 하였다. 그런데 「몽유도원도」를 자세히 들여다보면 안평대군이 이상향으로 즐겼다는 낙원이 결국, 도연명의 복숭아 동산에 기반한 것임을 알 수 있다. 안평대군의 발문에 의하면 안견은 이 걸작을 3일 만에 완성했다고 한다.[20]

안평대군이 꿈속에서 함께 했던 세 사람은 그 후의 행적에서 묘한 대조를 보인다. 안평대군의 기록에 의하면 박팽년은 처음부터 동행했지만, 신숙주와 최항은 안평대군과 박팽년이 도원에 도착했을 때 홀연히 뒤에서 나타난다. 그런데 6년 후 계유정난(1453년) 때 안평대군이 사약을 받고 절명한 이후, 이들 3인의 운명도 묘하게 갈린다. 박팽년은 세조가 난을 통해 즉위한 이후에도 단종의 복위를 위해 충절을 다 바쳤지만, 신숙주와 최항은 권력을 좇아 반정의 일등공신을 거쳐 고관대작이 되었기 때문이다.

몽유도원도, 안견 / 출처 : 일본 덴리대학(天理大學) 중앙도서관

---

18) 정민, 『한시 미학산책』, 휴머니스트, 2010, p.73.

19) 안견(安堅) 조선전기 세종부터 세조대에 활동한 화가. 안평대군의 요청으로 「몽유도원도」를 그렸다. 안견의 작품은 산재(散在)하는 경물들의 조화로운 구도와 확대 지향적인 공간개념에서 한국적인 특징을 보인다. 그의 이러한 화풍은 조선중기까지 조선의 화단에 영향을 주었다.

20) 1447년(세종 29) 4월 20일, 안평대군 「몽유도원기」 중에서.

도연명의 도화원桃花園은 그림뿐만 아니라 안빈낙도를 꿈꾸는 문인들 사이에서 지속적으로 되살아났다. 선비가 복숭아 동산을 즐기며 은거했던 곳으로 청량정사淸凉精舍와 침류대枕流臺가 있다. 청량정사는 기암절벽이 절경인 청량산 계곡에 있는 이황의 별서別墅이고, 침류대는 복숭아 계곡에 있는 시인 유희경21)의 별서다. 두 곳 모두 복숭아 동산이 빼어나 사람들의 사랑을 받았는데, 퇴계와 이수광22)은 그 애정이 유별났다. 그래서 두 사람 모두 타인의 방해를 싫어하는 마음을 도화원 스토리에 견주어 밝히고 있다.

> 청량산 육육봉(六六峰)을 아는 이는 나와 백구(白鷗)로다.
> 백구야 어떠하랴 못 믿을 손 도화(桃花)로다.
> 도화야 물 따라 가지 마라 주자(舟子) 알까 하노라.
> — 이황(李滉), 청량산가(淸凉山歌)23)

> 籬外淸溪溪上臺　　울밖엔 맑은 시내 시냇가엔 석대 하나
> 臺前無數小桃開　　석대 앞엔 복사꽃이 수도 없이 피었구나.
> 慇懃莫追隨流水　　부디 물결 따라 흘러가게 하지 마소.
> 怕有漁郞入洞來　　어랑이 골짝으로 들어올까 두려우니.
> — 이수광(李睟光), 침류대(枕流臺)24)

송강 정철과 고산 윤선도25)는 조선중기 가사문학을 대표하는 인물이다. 정철과 윤선도는 정치적 격변기 속에서 낙향한 뒤, 주옥같은 가사문학 작품을 많이 남겼다. 송강과 고산이 은거한 담양과 해남은 전통적으로 풍류적 예술활동이 활발한 지역이다. 이러한 예술의 고장에서 이 두 사람

---

21) 유희경(劉希慶, 1545~1636) 조선중기의 시인. 서얼출신으로 어려서부터 효자로 이름이 났다. 사대부 박순에게서 당시(唐詩)를 배웠으며, 특히 한시(漢詩)에 능했다. 집 뒤에 침류대(枕流臺)를 만들어 놓고, 이수광·신흠·김현성·홍경신·임숙영 등 유명 문인들과 시를 통해 교유하였다. 부안 기생 매창(梅窓)과 시를 통한 연정(戀情)으로 유명하다.

22) 이수광(李睟光, 1563~1628) 태종의 6세손이자 조선중기의 문신. 호는 지봉(芝峯). 주청사로 연경을 내왕하면서 『천주교실의』 등을 들여와 서학(西學)을 우리나라에 최초로 도입하였으며, 『지봉유설(芝峰類說)』을 통해 서구의 문물과 천주교 지식을 조선에 소개하였다.

23) 이종묵, 『조선의 문화공간 2』, 휴머니스트, 2006, p.216.

24) 『지봉집』「칠언절구」침류대(枕流臺), (고려대학교 한자한문연구소, 최병준 역).

25) 윤선도(1587~1671) 조선중기의 문신·시인. 경사(經史)에 해박하고 의약·복서(卜筮)·음양·풍수에도 밝았다. 특히 시조에 뛰어나 정철(鄭澈)의 가사와 더불어 조선시가의 쌍벽을 이루었다. 정치적으로는 남인의 신분으로 집권세력인 서인에 맞서 왕권의 강화를 주장하다가, 말년을 유배와 은거 생활로 마감하였다.

은 도화桃花와 무릉도원을 상상하며 낙향한 선비의 시름을 달래었다.

> 망혜를 배야 신고 죽장을 흩어지니
> 도화 핀 시냇길이 방초주에 이어세라.
> 닦붉은 명경중 절로 그린 석병풍
> 그림자 벗을 삼고 새와로 함께 가니
> 도원은 여기로다 무릉은 어디매오.
> — 정철(鄭澈), 성산별곡(星山別曲)[26]

> 취하여 누웠다가 여울 아래 내리련다.
> 배 매어라 배 매어라
> 붉은 낙화(落花) 흘러오니 무릉도원 가깝도다.
> 지국총 지국총 어사와
> 속세의 티끌이 얼마나 가렸느냐.
> — 윤선도(尹善道), 어부사시사(漁父四時詞)[27]

　　도연명의 도화원기에 등장하는 복숭아꽃은 전쟁과 살육이 없는 평화로운 이상세계를 상징한다. 반면 서왕모西王母 전설에 등장하는 복숭아는 꽃보다 열매가 대상이며, 장수를 상징한다. 그리고 복숭아는 신선이 먹는 과일로 알려져 선도仙桃·천도天桃·반도蟠桃 등으로 불린다. 한나라의 동방삭[28]과 『서유기』의 손오공이 서왕모의 반도(蟠桃, 먹으면 영생을 누린다는 복숭아)를 훔쳐 먹고, 장생불사했다는 이야기는 잘 알려진 설화이다. 그래서 복숭아는 불화·민화·풍속화 등 신선을 주제로 한 그림에도 자주 등장한다.

　　천재 화가 김홍도[29]는 신선도神仙圖 분야에서도 독보적이다. 단원이 그린 신선도 작품 중에서 군선도병풍群仙圖屏風과 낭원투도도閬苑偷桃圖에는 동방삭과 함께 탐스럽게 생긴 복숭아가 등장한다. 「군선도병풍」은 서왕모의 반도회蟠桃會에 초대 받고 약수弱水를 건너는 신선들의 모습을 그린

---

26) 구인환 외, 『고대문학과 송강가사』, 한국헤밍웨이, 2006, p.142.

27) 『고산유고』 어부사시사(漁父四時詞), (한국고전번역원, 이승현 역).

28) 중국 곤륜산에 있는 서왕모의 과수원인 낭원(閬苑)의 선도(仙桃)복숭아는 3천년 만에 꽃이 피고, 3천년이 지나야 익는데, 하나를 먹으면 1천갑자를 산다고 한다. 그런데 동방삭(東方朔)은 이 선도복숭아를 3개나 훔쳐 먹어 3천갑자 즉, 18만년을 살았다고 한다.

29) 김홍도(金弘道, 1745~?) 조선후기의 화가. 당시 회화의 주류인 산수화와 풍속화를 비롯해 신선도·불화·판화·동물화·화조화 등 모든 장르에 걸쳐 두루 명작을 남긴 조선시대 최고의 화가이다.

것이다. 동방삭이 탐스런 복숭아를 두 손으로 바쳐 든 모습이 이채롭다. 「낭원투도도」는 동방삭이 서왕모의 낭원閬苑에서 선도仙桃복숭아를 훔쳐 나오는 장면을 묘사한 것인데, 조심조심·살금살금 떠받들고 걷는 모습이 진지하고 재미있다. 옷자락마저 생동감 있게 나부껴 긴장감이 더욱 부각되어 보인다.

군선도, 국보 제139호 / 출처 : 호암미술관

낭원투도도 / 출처 : 간송미술관

복숭아의 다른 상징은 벽사辟邪이다. 벽사는 마을이나 주택 등 특정 영역 안으로 침입하는 재앙이나 악귀를 물리치는 것을 말한다. 복숭아가 벽사의 대상이 되는 내용은 중국 신화로부터 유래한다. 후예后羿는 하늘의 태양을 떨어뜨릴 정도의 신궁이었지만 아내와 제자로부터 배반을 당하는 비극적인 인물이다. 아내 항아姮娥는 남편의 불사약을 훔쳐 달나라로 도망쳤고, 제자 동몽은 스승의 활솜씨를 시기하여 후예를 복숭아 방망이로 내리쳐 죽였다. 그래서 귀신이 된 후예가 복숭아나무를 두려워하여 제사상에 복숭아 열매를 올리지 않게 되었다고 한다.

질병이나 화재 등의 재앙이 있을 때, 봉숭아나무가 효과적이라는 믿음과 관련하여, 우리 민속에 "귀신에 복숭아나무 방망이"라는 속담이 있다. 벽사와 관련된 이야기는 조선시대의 생활상을 기록한 성현30)의 『용재총화』에 그 내용이 전한다.

30) 성현(成俔, 1439~1504) 조선전기의 문신·문인. 성종의 명에 따라 국가의 음악을 정리하여 『악학궤범』을 발간하

"섣달 그믐날에 민간에서는 녹색 댓잎·붉은 형지(荊枝)·익모초 줄기, 동쪽으로 뻗은 복숭아나무 가지를 한데 합하여 빗자루를 만들어 펴고 대문을 막 두드리고, 북과 방울을 울리면서 문밖으로 몰아내는 흉내를 낸다. 이를 방매귀(放枚鬼)라 한다."[31]

복숭아를 소재로 한 작품으로 가장 오래된 것은 『시경詩經』에 있는 「도요桃夭」라는 시이다. 도요는 '복숭아 열매처럼 요염한 여인'을 의미하지만, 의역하면 '시집가는 젊고 아름다운 여인'이란 뜻이다. 이 시는 복숭아의 꽃과 열매와 잎을 차례로 언급하며, 시집가는 딸이 장차 훌륭한 자식을 낳아 가정이 번창하기를 축복하고 있다. 「도요」에서 복숭아나무의 꽃·열매·잎은 모두 여성과 자손을 상징한다. 이와 같이 식물을 여성과 관련 지워 인식하는 대상으로는 복숭아 이외에도 석류·연꽃·포도·대추 등이 있다. 모두 옛 농경사회에서 생명의 탄생과 새로운 출발에 대한 의미가 내포되어 있는 것들이다.

桃之夭夭　　복숭아나무가 싱싱하여
灼灼其華　　그 꽃을 활짝 피웠어요.
之子于歸　　이 딸이 시집가서
宜其室家　　그 집안을 의좋게 할 거야.

桃之夭夭　　복숭아나무가 싱싱하여
有蕡其實　　그 열매를 주렁주렁
之子于歸　　이 딸이 시집가서
宜其家室　　그 가문을 의좋게 할 거야.

桃之夭夭　　복숭아나무가 싱싱하여
其葉蓁蓁　　그 잎이 무성해요.
之子于歸　　이 딸이 시집가서
宜其家人　　일가 사람들 의좋게 할 거야.

－ 시경(詩經), 도요(桃夭)[32]

살펴본 바와 같이 복숭아는 생명·탄생·새 출발도 상징한다. 『삼국지』에서 유비·관우·장비가 의형제로서 도원결의桃園結義를 하고 새로운 삶을 다짐한 곳도 복숭아 동산이었다.

였고, 당대의 풍속·제도·인물에 대한 모든 것을 정리하여 『용재총화』를 저술하였다.

31) 성현, 『용재총화』, 솔, 민족문화추진회 편, 1997, p.40.
32) 서정기, 『새 시대를 위한 詩經』, 살림터, 2001, p.53.

(3) 석류

◈ 석류의 상징

석류	다산, 자손번창, 생명, 부활
석류 + 새	득남
석류 + 불로초	백자장생(百子長生)
석류 + 황조	금의백자(金衣百子)

　석류의 원산지는 페르시아로 불리던 이란을 중심으로 아시아 서남부와 인도 북서부 지역이며, 석류에 대한 문화는 지중해 연안을 비롯하여 유럽 전역에 이른다. 고대 페르시아 왕은 석류의 꽃과 잎으로 궁전을 디자인하고 의복의 장신구로도 사용했다고 한다. 이는 기독교 문화에도 영향을 주어, 제사장의 의복 문양과 장신구에도 석류가 사용되었다.

　석류는 독특한 생김새와 가득 찬 열매로 다양한 문명에서 특별한 의미로 받아들였다. 그리스 신화에서 페르세포네는 저승의 신 하데스가 혼인의 징표로 준 석류를 먹고 그의 아내가 되어, 매년 봄 지하세계에서 돌아와 지상세계를 재생시키는 역할을 한다. 아르메니아는 국가의 상징처럼 되어 있고, 리비아는 석류가 국화國花이다. 석류의 최대 생산지이자 이슬람 왕국의 마지막 수도였던 그라나다Granada는 스페인어로 '석류'란 뜻이다.

　송나라의 문인 왕안석[33]은 석류의 강렬한 색깔을 보고 계절의 변화를 시로 읊었는데, 홍일점이란 용어는 이 시에서 유래한 것이다.

> 萬綠總中紅一点　온통 푸르른데 빨간 점 하나 있구나.
> 動人春色不須多　사람 마음 끄는 데는 이것으로 족하리.
> 　　　　　　　　－ 왕안석, 영석류(詠石榴)

---

33) 왕안석(王安石, 1021~1086) 북송의 문신·문인. 신종(神宗) 때 신법(新法)을 제창하여 정치적인 개혁을 도모하였으나, 보수세력의 완강한 저항으로 실패하고 말았다. 경학(經學)에 정통하여 통유(通儒)로 일컬어졌으며, 산문과 서정시에 뛰어나 한유·유종원·구양수·소철·소식·소순·증공과 함께 당송팔대가(唐宋八大家)로 불린다.

석류는 생명과 부활을 상징하는 과일로도 알려져 있다. 이집트의 클레오파트라와 중국의 양귀비도 즐겼으며, 우리나라에는 고려 때 중국을 통해 전래되었다고 한다. 다산 정약용[34]은 지금의 명동일대인 명례방에 살면서 마당 한 켠에 화단을 만들고, 여러 화초와 함께 석류 다섯 그루를 심었다고 한다.

> "안석류(安石榴)는 잎이 살지고 크며 열매가 달다. 해석류 또는 왜석류라 한다. 왜석류가 네 그루다. 줄기가 곧게 한 길 남짓 오르도록 곁가지가 없다가, 위에 쟁반처럼 둥글게 틀어올린 속칭 능장류(棱杖榴)가 한 쌍이다. 꽃만 피고 열매 맺지 않는 석류는 꽃석류라 하는데, 이것이 한 그루다."[35]

정약용 가문은 조선후기의 대표적인 천주교 집안이다. 그러나 개혁의 동반자이자 후원자였던 정조의 승하 이후, 신유박해(순조 1)와 기해박해(헌종 5)를 거치면서 정약용 가문은 위기를 맞는다. 정약용은 포항의 장기에 유배되었다가, 조카사위 황사영의 백서사건(帛書事件)[36]을 계기로 전남 강진으로 이배(移配)되어 18년간 귀양살이를 하였다. 특히 끝까지 천주교 신앙을 버리지 않았던 둘째 형 정약종의 집안은 멸문을 당하고 말았다.

정약용 가계도

---

34) 정약용(丁若鏞, 1762~1836) 조선후기의 문신·실학자. 윤선도의 6대손이자 윤두서의 외증손자이다. 정약용은 강진에서의 기나긴 귀양살이 중에 18세기의 실학사상을 집대성하고 대안을 제시하였다. 정치적으로 취약한 남인 출신이었던 정약용 집안은 정조의 승하 이후, 천주교에 연루되어 멸문의 위기를 맞는다.

35) 「죽란화목기(竹欄花木記)」, 安石榴 葉肥大而實甘者 曰海榴 亦曰倭榴 倭榴四本 幹直上一丈許 旁無附枝 上作盤團然者 俗名棱杖榴 一雙 榴有華而不實者 曰花石榴 花石榴一本.
정민, 『다산선생 지식경영법』, 김영사, 2006, p.509.

36) 1801년(순조 1) 11월 5일 천주교도 황사영이 북경에 있던 프랑스 선교사에게 보낸 편지로 인해 발생한 사건을 말한다. 황사영은 북경에 있는 프랑스 주교에게 신유박해로 천주교도에 대한 탄압의 실태를 고발하고, 교회의 재건과 포교의 자유를 위해 프랑스 함대를 파견하여 조선정부에게 압력을 행사해 줄 것을 요청하는 내용을 적었다.

◈ 천주교 박해와 순교자

순조 1	1801. 3	신유박해	정약전 신지도, 정약용 장기 유배
순조 1	1801. 4. 8	신유박해	이승훈·이가환·정약종·정철상(정약종의 아들) 순교
순조 1	1801. 4. 19	신유박해	주문모 신부 순교
순조 1	1801. 11. 5	신유박해	정약전 흑산도, 정약용 강진 유배
순조 1	1801. 12	신유박해	황사영 순교
헌종 5	1839. 9. 22	기해박해	정하상(정약종의 아들) 순교
헌종 5	1839. 11. 23	기해박해	유소사(정약종의 부인) 순교
헌종 5	1839. 12. 29	기해박해	정정혜(정약종의 딸) 순교

정약용은 장기에서 8개월간의 짧은 유배 생활 중에도 많은 글과 시를 남겼다. 그 중에서도 장기농가長鬐農歌는 정약용이 장기의 평화로운 농촌풍경을 읊은 것인데, 남들이 관심을 두지도 않는 바다석류海榴를 가져다 창가에 심었다는 대목이 눈길을 끈다.

野人花草醬甖邊   시골사람 꽃이래야 기껏하면 장독 가에
不過鷄冠與鳳仙   맨드라미 봉선화 그것이 고작이지.
無用海榴朱似火   쓸모없는 바다석류 붉기가 불 같기에
晚春移在客窓前   늦은 봄날 옮겨다가 객창 앞에 심었다네.
　　　　　　　　　　　　　　　　　– 정약용, 장기농가(長鬐農歌)[37]

율곡 이이는 세살 때 외할머니가 마당의 석류를 가리키며 소감을 묻자, "석류 껍질 속에 붉은 구슬이 부서져 있어요.石榴皮裏碎紅珠"라고 했다 한다. 우리나라에도 석류에 대한 역사가 꽤나 깊은 셈이다.

꽉찬 석류 알맹이는 자손번창을 상징하여, 주로 여성 혼례복인 활옷이나 원삼에 포도문양·동자문양과 함께 장식되곤 하였다. 영친왕은 조선의 마지막 황태자이자, 일본인 아내를 둔 유일한 황태자이다. 영친왕 부부의 유품 중에서 석류문양 가득한 의복이 전하는데, 당시 황실에서 자손 번

---

37) 『다산시문집』「장기농가(長鬐農歌)」, (한국고전번역원, 양홍렬 역).

창에 대한 염원을 담아 석류문양 가득한 옷을 지어 바쳤던 것으로 보인다.

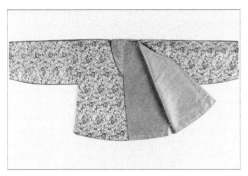

영친왕 도류문단 솜마고자

도류문단 상세 / **출처 : 국립고궁박물관**

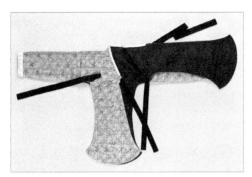

영친왕비 도류불수문단 당의

도류불수문단 상세 / **출처 : 국립고궁박물관**

(4) 모란

◈ 모란의 상징

모란	부귀, 화목, 번영, 영화
모란 + 괴석	부귀장수(富貴長壽)
모란 + 새	부귀화합(富貴和合), 가내부귀(家內富貴)
모란 + 닭	부귀공명(富貴功名)
모란 + 당초	부귀만대(富貴萬代)

모란꽃은 탐스럽고 화려한 자태로 부귀·화목·번영을 상징한다. 모란은 유명세 만큼이나 이명異名도 많다. 목작약木芍藥·화왕花王·백화왕百花王·만화왕萬花王·부귀화富貴花·부귀초富貴草·천향국색天香國色·낙양화洛陽花·상객賞客·귀객貴客·화신花神·화사花師·화사부花師傅 등이 모두 모란의 다른 이름들이다.

사군자(매화·난초·국화·대나무)나 소나무는 추위에도 굴하지 않는 강건한 기상과 고고한 기개로 남성적 이미지가 강하다. 반면, 모란은 연약하지만 탐스럽고 화려하여 여성적 이미지가 돋보인다. 그래서 모란에 대한 평가는 비교적 시각적이고 귀족적이다.

◈ 모란에 대한 평가

신라	설총	삼국사기 三國史記	봄이 되자 곱게 피어나 온갖 꽃들을 능가하여 빼어나게 아름다웠다. 當三春而發艶 凌百花而獨出.
조선	강희안	양화소록 養花小錄	모란을 부귀 번화한 꽃이라 함은 이미 공론이 정해져 있다.
송나라	주돈이	애련설 愛蓮說	국화는 은일(隱逸), 연꽃은 군자(君子), 모란은 부귀(富貴)를 상징한다. 子謂 菊花之隱逸者也, 牧丹花之富貴者也, 蓮花之君子者也.
송나라	구양수	낙양모란기 洛陽牡丹記	천하의 진정한 꽃은 모란꽃뿐이므로, 모란은 굳이 꽃 이름을 말하지 아니하고 바로 꽃이라 하면 된다. 至牡丹則不名 直日花 其意謂天下眞花獨牡丹

설총[38]의 평가처럼 모란은 왕을 상징하여 용상 가득히 모란문양을 장식하기도 하였다. 모란병풍은 궁궐이나 왕릉 등의 행사에도 사용하였는데, 이러한 문화는 현대에 전승되어 청와대나 국회 등 국가의 공식행사에서도 사용되고 있다.

경복궁에서 모란꽃 장식이 가장 많은 곳은 팔우정과 집옥재이다. 팔우정은 계자난간의 풍혈風穴을 모란꽃으로 화려하게 장식하여 독특한 운치를 자아낸다. 반면 집옥재는 실외가 아닌 실내 벽면의 대부분을 모란꽃으로 장식하였다.

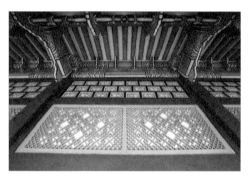

집옥재 내벽

모란꽃 상세

모란은 당나라 고종 때 번영과 행복의 상징으로 크게 번성하였으며, 이후에도 줄곧 중국인의 사랑을 받아 예술작품의 좋은 소재가 되었다. 당나라 현종은 풍만하고 매혹적인 양귀비[39]의 자태를 닮아 더욱 좋아했다고 한다. 하루는 현종이 양귀비와 함께 모란꽃이 만발한 후원을 거닐다 이백[40]에게 시 한 수를 명하였다.

---

38) 설총(薛聰, 655~?) 신라 중대의 학자. 원효대사와 요석공주사이에서 태어나 이두를 집대성하였다. 특히 화왕계(花王戒)라는 명문(名文) 속에 장미(간신)와 할미꽃(충신)을 의인화하여 등장시켜 우의적(寓意的)으로 신문왕(神文王)에게 깨달음을 전하였다.

39) 양귀비(楊貴妃, 719~756) 당나라 현종의 비. 서시·왕소군·초선과 함께 중국의 4대 미인에 속한다. 17세에 현종의 18왕자의 비가 되었다. 23세 때 출중한 미모와 뛰어난 재능으로 시아버지인 현종의 마음을 사로잡아 황후 이상의 권세를 누렸다. '안녹산의 난'이 일어나자 현종과 함께 도주하던 중 자결하여 38세의 생을 마감하였다.

40) 이백(李白, 701~762). 중국 당나라 시인. 중국 최고의 시인으로 추앙되며 시선(詩仙)으로 불린다. 자는 태백(太白)이고, 호는 청련거사(靑蓮居士)이다.

　이태백은 청평조사_{淸平調詞}에서 모란을 양귀비에 비유하고, 다시 양귀비를 조비연[41])에 비유하여 양귀비의 빼어난 미모를 예찬하였다. 그런데 이태백에게 감정이 좋지 않았던 환관 고력사_{高力士}가 이 시의 내용을 문제 삼아, 이태백을 나락으로 떨어뜨렸다. 당시 조비연은 한나라를 망치게 한 부정적인 여인으로 지목받고 있었다. 고력사는 바로 이 점을 문제 삼았다. 이백이 양귀비를 조비연에 견준 이유가 단순히 양귀비의 아름다움을 찬양한 것이 아니라 나라를 망치게 한 조비연의 부정적 이미지를 부각시켜 양귀비를 비하했다는 것이다. 이 사건으로 이태백은 궁궐에서 쫓겨나 야인으로 전락하고 말았다.

一枝紅艶露凝香	한 가지 붉은 꽃이 이슬 맺혀 향기롭다.
雲雨巫山枉斷腸	무산(巫山)의 선녀, 공연히 애끓난다.
借問漢宮誰得似	묻노니, 한궁(漢宮)의 누구와 닮았는가.
可憐飛燕倚新妝	가녀린 비연(飛燕)이가 새 단장하고 섰구나.

　　　　　　　　　　　　　　　　　　　　　　　　　　－ 이백(李白), 청평조사(淸平調詞)[42])

　북송의 문인 주돈이가 모란을 부귀의 상징으로 분류한 이후, 모란은 부귀영화의 상징으로 받아들여지고 있다. 건축·담장·의류·침구·가구 등과 같은 생활용품에도 모란장식이 사용되고 있으며, 결혼식이나 회갑연에도 모란병풍이 사용된다.

　모란도_{牧丹圖}는 원래 궁중에서 사용되기 시작하였으며, 새해 벽두에 신하들에게 하사되기도 하였다. 조선후기에는 민간에서도 유행하였는데, 주로 결혼식이나 회갑연 등에 사용되었다. 조선말기에는 장수를 상징하는 괴석에 부귀영화를 상징하는 모란을 함께 그린 석모란도_{石牧丹圖}가 궁중을 중심으로 제작되기 시작하였다. 석모란도를 통해 부귀영화를 누리며 장수하기를 염원하였던 것이다. 이후 문인들은 괴석에 모란 대신 매화·난초·국화·파초·해당화 등을 등장시켜 다양한 형태의 괴석도_{怪石圖}를 창안해 내었다.

---

41) 조비연(趙飛燕, BC.45~BC.1) 전한의 12대 황제(成帝)의 두 번째 황후. 애제(哀帝) 때 황태후가 되었으나, 평제(平帝)가 즉위한 후 서인(庶人)으로 강등되어 자살하였다. 조비연은 가냘픈 몸매에 가무를 잘해 '나는 제비'란 뜻의 비연(飛燕)이라 불렸다. 황제가 죽고 얼마 지나지 않아 왕조가 망하였으므로 조비연을 경국지색(傾國之色)으로 지목하기도 한다. 경국지색을 대표하는 인물은 하나라 걸왕의 말희(妺喜)·은나라 주왕의 달기(妲己)·주나라 유왕의 포사(褒似) 등이 있다.

42) 진옥경, 『고풍 악부 가음』, 역락, 2014, p.400.

괴석모란도(怪石牧丹圖) / 출처 : 국립고궁박물관

(5)·(6) 국화

◈ 국화의 상징

국화	장수, 인고, 지조, 절개, 충절
국화 + 고양이	장수
국화 + 나비	기쁨과 즐거움

국화는 찬서리가 시작되는 늦가을에 피어 맑고 그윽한 향기로 움츠린 세상에 생기를 전하는 꽃이다. 늦가을에 만개하는 국화는 한겨울에 활짝 피는 매화의 기상과 닮아 이 둘을 세한이우歲寒二友라고 부른다. 그래서 국화를 오상고절傲霜孤節 또는 상풍고절霜風孤節이라고 한다.[43] 늦가을 서릿발에도 환하게 꽃을 피우는 국화를 가리키는 말이다. 이는 선비가 지향하는 이상적인 인간상이자 혼탁한 세상에도 굴하지 않는 선비의 기상을 상징적으로 보여주는 표현이다.

송나라의 유학자 주돈이는 "물과 육지에 피는 꽃 가운데 사랑스러운 것들이 매우 많으나, 도연명은 유독 국화를 사랑하였다."[44]며 도연명의 국화 사랑을 상기시켰다. 동진의 도연명은 벼슬을 버리고 낙향하면서 변화된 환경에 대한 자신의 소회를 「귀거래사」에 담았다. 특히 배를 타고 귀향하는 장면과 고향에서 따뜻하게 맞아주는 장면 그리고 소나무와 국화가 만발한 집 앞의 풍경은 많은 지식인들의 정서를 자극하였다.

乃瞻衡宇	마침내 일자대문 집을 바라보고
載欣載奔	기뻐하며 달려가니,
僮僕歡迎	종아이는 반갑게 맞이하고
稚子候門	어린 자식들은 문에서 기다린다.
三徑就荒	세 갈래 길은 거칠어져 갔지만
松菊猶存	소나무와 국화는 남아있다.
携幼入室	어린것들 손을 잡고 방에 들어가니,
有酒盈樽	술이 항아리에 가득하다.
引壺觴以自酌	술병과 잔을 당겨 혼자서 따라 마시고
眄庭柯以怡顔	정원의 나뭇가지를 돌아보며 얼굴을 편다.

— 도연명, 귀거래사(歸去來辭)[45]

장승업[46]은 「귀거래도歸去來圖」 화폭에서 집 앞에 펼쳐지는 정겨운 풍경을 부각시켰다. 물가에는 머슴이 마중 나와 반기고, 집 앞에는 세 갈래의 길이 있으며, 담장 아래에는 국화가 만발해 있다.

---

43) 오상고절(傲霜孤節) - 서릿발이 심한 추위 속에서도 굴하지 않고 외로이 꼿꼿함.
　　상풍고절(霜風孤節) - 어떠한 난관이나 어려움에 처해도 결코 굽히지 않는 높은 절개.

44) 「애련설(愛蓮說)」 水陸草木之花 可愛者甚蕃 晉陶淵明 獨愛菊.

45) 김창환, 『중국의 명문장 감상』, 한국학술정보, 2011, p.51.

46) 장승업(張承業, 1843~1897) 조선말기의 화가. 호는 오원(吾園). 안견·김홍도와 함께 조선시대 3대화가로 불린다. 호방한 필묵법과 정교한 묘사력을 구사하여 작품에 생기가 넘친다. 산수화·인물화·사군자·화조영모화·기명절지도 등 다양한 분야의 소재를 폭넓게 다루었다.

귀거래도

출처 : 간송미술관

도연명이 「도화원기」에 낙향의 동기와 정황을 담았다면, 「음주飮酒」에서는 고향에 정착한 전원 생활의 즐거움을 노래하였다. 특히 문인들이 좋아했던 구절은 제5수이다.

結廬在人境　사람들 사는 곳에 오두막집 엮었으나,
而無車馬喧　수레와 말의 시끄러움이 없다.
問君何能爾　묻노니 그대는 어떻게 그럴 수 있는가.

心遠地自偏　마음이 초원(超遠)하니 땅은 절로 외떨어진다.
采菊東籬下　동쪽 울 아래에서 국화를 따다가,
悠然見南山　멀리 남산을 보게 되었다.
山氣日夕佳　산의 모습이 저녁 되어 아름다운 가운데,
飛鳥相與還　새들과 더불어 돌아간다.
此中有眞意　이 가운데에 참뜻이 있으니,
欲辨已忘言　따져 말하려다 이미 말을 잊었다.

　　　　　　　　　　　　　　　－ 도연명, 음주(飮酒)[47]

　김홍도는 「음주」 중에서 '采菊東籬下' 부분을 발췌하여 「동리채국도東籬彩菊圖」를 완성하였다. 이 작품에서는 도연명이 갈건을 쓰고 동자와 함께 평화롭게 국화 따는 모습을 화폭에 담았다.

동리채국도, 김홍도

출처 : 한국데이터진흥원

　정선은 「음주」 중에서 '采菊東籬下 悠然見南山' 부분을 발췌하여 별도의 부채꼴 모양의 선면도扇面圖로 묘사하였다.

---

47) 강태권, 『동양의 고전을 읽는다. 3』, 휴머니스트, 2006, p.103.

동리채국도
출처 : 국립중앙박물관

유연견남산도
출처 : 국립중앙박물관

국화는 또한 장수를 상징한다. 갱생更生·장수화長壽花·수객壽客·부연년傳延年·연령객延齡客 등은 장수와 관련된 국화의 별칭들이다.

중국 동진의 의학자 갈홍[48]은 국화를 장수의 관점에서 바라보았다.

"남양의 역현에 감곡수(甘谷水)라 부르는 약수가 있는데, 물맛이 감미로웠다. 감곡수 주위에 만발한 국화꽃이 약수에 떨어져 물맛이 더욱 좋았다. 그래서 마을 사람들은 따로 우물을 파지 않고 약수를 그대로 마셨

---

48) 갈홍(葛洪, 284~364) 중국 동진시대의 도가(道家) 사상가·의학자. 중국의 신선방약(神仙方藥)과 불로장생의 내용을 담은 도교서적, 포박자(抱朴子)를 저술하였다.

다. 감곡수를 마신 사람들은 장수하였는데, 고령자는 150살까지도 살았다."[49]

이처럼 국화에는 불로장생의 신령스런 이미지도 있다. 그래서 국화에 기국연년杞菊延年이나 송국연년松菊延年이라는 축수의 문구를 담아 회갑연이나 진갑연에 보내기도 한다. 중양절[50]은 극양極陽인 9가 두 번 겹치는 날이어서, 일년 중 양기가 가장 충만한 날이라고 한다. 그래서 중양절에는 국화전과 국화주를 즐기면서, 무병장수를 기원하였다. 명종 때의 문인 정작[51]은 이러한 풍속을 가장 잘 보여주고 있다.

世人最愛重陽節　　뭇사람들은 중양절을 가장 소중하게 여기지만
未必重陽引興長　　반드시 중양절만이 흥이 더 많은 것은 아니다.
若對黃花傾白酒　　국화를 마주 보며 술잔을 기울일 수 있다면
九秋何日不重陽　　구추(九秋) 어느 날인들 중양이 아니랴.
　　　　　　　　　　　　　　　　　　　　　　　　－ 정작(鄭碏), 국화[52]

(7) 진달래

◈ 진달래의 상징

진달래	생명력, 인고, 장수
진달래 + 나비	강인한 생명력, 영생불변
진달래의 별칭	두견화(杜鵑花), 산석류(山石榴) 산비파(山枇杷), 금달래(金達來) 산척촉(山躑躅), 양척촉(羊躑躅)
두견새의 별칭	촉혼(蜀魂), 촉백(蜀魄), 귀촉도(歸蜀道) 원조(怨鳥), 두우(杜宇), 망제혼(望帝魂)

49) 『포박자』「선약(仙藥)」 南陽酈縣系山中有甘谷水, 谷水所以甘者, 谷上左右皆生甘菊, 菊花墮其中, 歷世彌久, 故水味爲變. 其臨此谷中居民, 皆不穿井, 悉食甘谷水, 食者無不老壽, 高者百四五十歲.

50) 중양절(重陽節)은 세시명절의 하나로 음력 9월 9일이다.

51) 정작(鄭碏, 1533~1603) 조선중기의 문신. 초서와 예서에 능했다. 평소 시(詩)와 술을 즐겨 주선(酒仙)이라 불리기도 했다. 의술에 뛰어나 『동의보감』 편찬에 참여하기도 했다.

52) 이상희, 『꽃으로 보는 한국문화 3』, 넥서스북스, 2004, p.245.

진달래는 초봄에 가장 먼저 탐스러운 꽃망울을 터뜨려 개나리와 함께 봄꽃의 대명사로 불린다. 진달래는 메마르고 척박한 땅에서도 잘 자라고 번식력도 강하다. 특히 잎보다 먼저 꽃을 피워 만개한 진달래꽃은 화려하고 강렬하다.

봄이 오면 고향산천 어디서나 볼 수 있어 우리에게 가장 친근한 꽃이 진달래다. 이른봄 삼짇날(3월 3일)에는 진달래전과 진달래주를 마셨고, 한가위를 갓 지난 중양절(9월 9일)에는 국화전과 국화주를 즐겼다. 그래서 한때는 무궁화대신 진달래를 국화國花로 하자는 의견이 제기되기도 하였다.[53]

반면 진달래에는 애달픈 사연도 있다. 중국 촉나라 왕 두우杜宇가 위나라에게 망한 후, 복위의 꿈을 이루지 못하고 죽어 그 혼이 두견새가 되었는데, 한 맺힌 두견새는 조국 촉蜀나라로 돌아가歸고 싶어 울음으로 밤을 지새워 귀촉도歸蜀道가 되었다고 한다. 두견새는 피를 토하며 울부짖었는데 이 피가 진달래에 떨어져 꽃잎이 붉게 물들었고, 이로 인해 진달래는 두견화杜鵑花로 불리게 되었다. 그래서 두견새와 진달래는 함께 등장하는 경우가 많다.

蜀魄千年尚怨誰　　촉나라의 혼백은 천년동안 누굴 원망하길래.
聲聲啼血向花枝　　소리마다 꽃가지에 피를 토하나.
滿山明月東風夜　　온산 가득 달 밝은 밤에 봄바람이 부는데,
正是愁人不寐時　　시름 깊은 나그네 잠에 들지 못하네.
　　　　　　　　　　　　　　　　　　　　　　　　− 나업(羅鄴)[54], 문자규(聞子規)

이처럼 중국의 시인들은 두견새 울음을 통해 비극적 정조情調와 애달픈 사연을 담아내었다. 당나라 시인 두보[55]는 두견행杜鵑行을 통해 당나라 현종이 안녹산의 난 이후 숙종에게 강제로 양위당하고 유폐된 상황을 두견새에 비유하여 애통해 하였다.

---

53) 조동화는 한국일보(1956년 2월 3일)에 진달래를 추천하였고, 이민재는 조선일보(1956년 2월 8일)에 진달래를 추천하는 이유를 실었다.

54) 나업(羅鄴, 825?~900?) 당나라의 시인. 나업은 환관의 전횡으로 황제의 권위가 추락하고, 지방 세력이 할거하여 변경의 환란이 끊이지 않는 만당(晚唐) 시기의 작가이다. 작품을 통해 지배계급의 부정과 부패를 고발하기도 하고, 덧없는 인간사의 허무를 탄식하며 위정자에게 교훈을 제시하기도 하였다.

55) 두보(杜甫, 712~770) 당나라 시인. 중국 최고의 시인으로 시성(詩聖)이라 불린다. 인간의 심리와 자연의 현상을 휴머니스트적 관점에서 감동적으로 표현하였다. 특히 안녹산의 난을 겪으면서 도탄에 빠진 참혹한 백성의 모습과 관리들의 가렴주구(苛斂誅求)를 고발하는 시를 많이 남겼다. 과거시험의 낙방과 가난과 건강의 악화 등으로 불우하게 이곳저곳을 떠돌다가 59세를 일기로 상강(湘江)의 배 안에서 병사(病死)하였다.

其聲哀痛口流血　　입에는 피 흘리며 어찌하여 애통하게 울부짖는가.
所訴何事常區區　　무슨 사연 전하려고 이다지도 절절하단 말인가.
- 두보, 두견행(杜鵑行)

당나라 시인 백거이[56]는 두견새의 울음을 상죽湘竹에 비견하여 애절하고 비통한 감정으로 표현하였다. 상죽은 전설상의 순임금이 죽자 그의 두 부인 아황娥皇과 여영女英이 상수湘水 강가에서 슬피 울어 흘린 눈물이 대나무에 번졌다는데서 유래한다.

杜鵑聲似哭　　두견새 우는소리 구슬프게 들리고,
湘竹斑如血　　상죽의 얼룩에는 한이 서려 있구나.
- 백거이, 상죽(湘竹)

단종 역시 억울하게 왕위를 빼앗기고 영월에 유배되었을 때, 밤마다 들려오는 두견새의 구슬픈 지저귐에 잠을 이루지 못하였다. 잠자리가 힘들 때면 관풍헌[57]의 정자에 올라 시름을 달래곤 하였는데, 이때 읊었던 자규시子規詩가 애절한 감정으로 전해온다. 이 때문에 매죽루梅竹樓였던 정자 이름이 자규루子規樓로 바뀌었다고 한다. 단종도 이미 두견새와 진달래에 대한 고사를 알고 있었던 것이다.

一自冤禽出帝宮　　원한 맺힌 새가 한 번 제궁을 나온 후,
孤身隻影碧山中　　외로운 몸의 한 그림자가 푸른 산중에 있네.
假眠夜夜眠無假　　밤마다 선잠조차 이룰 수 없고,
窮恨年年恨不窮　　깊은 한은 해마다 다하지 않네.
聲斷曉岑殘月白　　소리 그친 새벽 봉우리엔 남은 달빛 밝은데,
血流春谷落花紅　　피 뿌린 봄 골짜기엔 떨어진 꽃잎이 붉네.
天聾尙未聞哀訴　　하늘은 귀먹어 오히려 슬픈 하소연을 듣지 못하는데,
何奈愁人耳獨聽　　어찌하여 근심 어린 내 귀만 밝은가.
- 단종(端宗), 자규시(子規詩)[58]

---

56) 백거이(白居易, 772~846) 당나라의 시인. 호는 낙천(樂天). 중국 최고의 시인으로 이백·두보와 함께 당나라 3대 시인으로 불린다. 그는 누구나 알기 쉬운 말로 시를 지었으며, 시가 완성되면 동네 노파에게 보여 이해하지 못하면 보다 쉬운 내용으로 고쳤다고 한다. 그래서 백거이의 시는 이해하기 쉽다는 평을 듣는다.

57) 관풍헌(觀風軒)은 1392년(태조 1)에 건립된 영월의 관아건물이다. 1456년(세조 2) 단종은 유배 중이던 청령포에 홍수가 나자 관풍헌으로 거처를 옮겼으며, 이듬해 10월 24일 17세를 일기로 사사(賜死)되었다.

관풍헌(觀風軒)

자규루(子規樓)

「다정가」는 고려시대 문인 이조년[59]이 읊은 것으로, 하얀 배꽃과 밝은 달빛이 은하수와 어우러져 낭만적인 분위기를 자아낸다. 이 시는 고요하고 깊은 밤 구슬피 지저귀는 두견새 소리가 애상哀想과 우수憂愁를 불러일으켜, 잠을 이루지 못하는 작가의 심정이 잘 표현된 작품이다. 다정가多情歌는 이조년이 충렬왕의 왕위 계승 문제에 연루되어 귀향살이 하던 중, 임금에 대한 걱정과 유배생활의 시름을 노래한 것이다.

> 이화(梨花)에 월백(月白)하고 은한(銀漢)이 삼경(三更)인제
> 일지춘심(一枝春心)을 자규(子規)야 알라마는
> 다정(多情)도 병(病)인양 하여 잠 못 들어 하노라.
> — 이조년, 다정가(多情歌)

김소월[60]의 진달래꽃은 사랑하는 이와의 이별에 대한 슬픔을 체념과 운명으로 승화시킨 작품이다. 이 시에서 진달래꽃은 아름답고 숭고한 사랑이 이타적인 인고의 마음으로 투영되어 있다. 따라서 산화공덕散花功德하고 애이불비愛而不悲[61]하는 인간적 휴머니즘이 저변에 짙게 드리워져

---

58) 기태완, 『꽃, 들여다보다』, 푸른지식, 2012, p.542.

59) 이조년(李兆年, 1269~1343) 고려말기의 문인. 고려 때 문하시중을 지낸 이인임의 조부이다. 1306년 비서랑으로 왕을 모시고 원나라 수도 연경(燕京)에 갔을 때, 충렬왕의 왕위 계승문제에 연루되어 유배되었다.

60) 김소월(金素月, 1902~1934) 한국의 근대문학을 대표하는 민족시인이다. 한국 전통 시조의 매력을 자유시 속에 성공적으로 표현해 내었다. 「진달래꽃」은 전통적인 한(恨)의 정서를 민요적 리듬과 민중적 정감으로 표출하였으며, 이후의 작품에서는 현실인식과 민족주의적 색채가 강하게 부각된다. 특히 향토적 소재와 설화적 내용을 전통적인 서정으로 묘사하여 민족적 정감을 눈뜨게 하였다.

61) 산화공덕(散花功德) – 불교에서 부처에게 꽃을 뿌려 공덕을 기리는 행위.

있다.

> 나 보기가 역겨워
> 가실 때에는
> 말없이 고이 보내 드리오리다.
>
> 영변(寧邊) 약산(藥山)
> 진달래꽃
> 아름 따다 가실 길에 뿌리오리다.
>
> 가시는 걸음걸음
> 놓인 그 꽃을
> 사뿐히 즈려밟고 가시옵소서.
>
> 나 보기가 역겨워
> 가실 때에는
> 죽어도 아니 눈물 흘리오리다.
> — 김소월, 진달래꽃

(8) 대나무

◈ 대나무의 상징

지조, 절개, 장수
십장생, 사군자

애이불비(愛而不悲) – 속으로는 슬프지만 겉으로는 슬프지 않은 체함.

대나무는 곧고 푸르게 자라는 특징으로 절개와 지조를 나타낸다. 그리고 아래를 향한 길쭉한 이파리와 텅 빈 내부는 겸손함에 비유되어 덕을 겸비한 군자를 상징한다. 대나무를 군자로 지칭한 최초의 기록은 『시경』의 「위풍衛風」에 전한다. 이 시는 군자의 높은 덕과 인품을 대나무의 고아한 모습에 비유하여 칭송하고 있다.

瞻彼淇奧	저 기수 물굽이를 바라보니
綠竹猗猗	댑싸리와 마디풀 우거져 있네.
有匪君子	빛나는 군자시여,
如切如磋	깎고 다듬은 듯
如琢如磨	쪼고 간 듯하시네.
瑟兮僴兮	의젓하고 당당하시며
赫兮喧兮	빛나고 훤하시니.
有匪君子	아름다운 우리 군자를
終不可諼兮	내내 잊을 수 없어라.

－ 『시경』 「위풍(衛風)」[62]

송나라의 문인 소식[63]은 녹균헌綠筠軒에서 대나무를 통해 선비의 지조와 절개에 대한 가치를 인간의 한없는 욕망에 대비시켜 노래하였다.

可使食無肉	밥 먹을 때에 고기 없을지언정
不可居無竹	사는 곳에 대나무 없을 수 없네.
無肉令人瘦	고기가 없으면 사람 수척하게 하고
無竹令人俗	대나무가 없으면 사람 속되게 한다오.
人瘦尙可肥	사람의 수척함은 살찌게 할 수 있으나
士俗不可醫	선비의 속됨은 고칠 수 없네.
傍人笑此言	옆 사람은 이 말 비웃기를
似高還似癡	고상한 듯하나 도리어 어리석은 듯하다 하네.
若對此君仍大嚼	만약 此君(대나무) 대하고서 고기 실컷 먹을 수 있다면
世間那有揚州鶴	세간에 어찌 양주학(揚州鶴)이 있겠는가.

－ 소식, 녹균헌(綠筠軒)[64]

---

62) 정학유, 허경진 역, 『시명다식(詩名多識)』, 한길사, 2007, p.77.

63) 소식(蘇軾, 1037~1101) 북송의 문신·문인. 호는 동파(東坡). 시문에 능해 아버지 소순·동생 소철과 함께 당송팔대가(唐宋八大家)에 속한다. 북송 말기의 격렬한 변법운동과 신구 당쟁의 소용돌이 속에서 몇 차례 좌천당하는 등 정치적으로는 불운을 겪었다. 따라서 소식의 시는 생활 속에서 습득한 인생에 대한 철학적 이해가 잘 스며있어, 호방하고 생동감이 넘친다.

대나무에 대한 이야기는 우리나라의 『삼국사기』에도 나온다. 삼국을 통일한 김춘추의 사위 김품석金品釋은 전략적 요충지인 대야성에서 642년 윤충이 이끄는 백제군과 전투 중 전황이 불리해지자 가족을 죽이고 자결하였다. 그러나 김품석의 휘하 장수 죽죽竹竹은 아버지가 대나무처럼 절개있는 사나이가 되라는 의미로 '죽죽'이란 이름을 지어주었다며, 끝까지 싸우다 장렬히 전사하였다.[65] 대나무는 삼국시대에도 지조와 절개의 상징이었던 것이다.

이숭인 가계도

도은陶隱 이숭인[66]은 목은牧隱 이색·포은圃隱 정몽주와 함께 고려말 절의를 지킨 삼은三隱에 포함되는 인물이다. 고려의 대표적인 권문세족이었던 이숭인 가문은 이성계와 하륜 등 조선을 창업한 신흥가문과도 인척관계를 맺고 있었다. 그러나 이숭인은 기울어져 가는 고려에 끝까지 절의를 지키다 정도전에 의해 피살되고 만다. 이숭인이 생전에 남긴 글霜竹軒記에는 대나무에 대한 그의 인식과 삶의 단면이 고스란히 담겨 있다.

64) 성백효, 『고문진보(古文眞寶)』, 전통문화연구회, 2016, p.97.

65) 『삼국사기』 죽죽(竹竹)은 동료 장수 용석(龍石)에게 "아버지가 나를 죽죽(竹竹)이라 이름을 지은 것은 추울 때에도 시들지 않고, 꺾일지언정 굽히지 말라 함이다. 어찌 죽음을 겁내 항복하리요."라고 했다.

66) 이숭인(李崇仁, 1347~1392) 고려말기의 문신·학자. 호는 도은(陶隱). 목은(牧隱) 이색·포은(圃隱) 정몽주와 함께 고려의 삼은(三隱)으로 일컬어진다. 대제학 이조년의 5촌 증손이자 문하시중 이인임의 7촌 조카이다. 동문수학한 이방원과 함께 과거에 합격하였으나, 조선의 개국에는 동참하지 않았다. 1392년 정몽주가 살해되자 그 일당으로 몰려 유배되었다가, 정도전이 보낸 심복에게 장살(杖殺)되었다.

"대나무는 한낱 식물일 뿐이다. 일반적으로 식물은 서리와 찬이슬을 만나면 급격히 변하여 꺾어지고 부러지고 떨어져서 다시는 생기가 없어진다. 그런데 대는 가지의 모습을 고치거나 바꾸는 일 없이 의젓이 홀로 빼어난 모습을 유지하고 있다. 그런 까닭에 옛날의 운치있는 사람과 절개 높은 선비들은 거의 다 대나무를 사랑하였다."[67)

청자양각죽절문병靑瓷陽刻竹節文甁은 얇은 대나무를 호리병 모양으로 촘촘하게 장식하여 만든 고려시대의 비색청자이다. 고려인들의 대나무에 대한 인식과 예술 수준이 고스란히 담겨있는 작품이다. 이 작품은 1940년대 일본인 이토 마끼오가 광산사업가 최창학에게 판매한 이후, 스지스게(일본인) → 이희섭(무산철산) → 장석구(골동상) → 김형민(초대 서울시장) → 홍두영(남양유업 창업자) → 이병철(삼성그룹 회장)을 거쳐 현재는 리움박물관에 소장되어 있다.

청자양각죽절문병

(국보 제169호) / 출처 : 문화재청

대나무는 '대 죽竹'과 '빌 축祝'의 중국어 한자발음이 동일하여 축수祝壽 또는 장수를 상징한다. 그래서 전통 혼례식에서는 소나무와 대나무를 장식하여 신랑·신부의 건강과 절개를 상기시켰다. 대나무는 히로시마에 원자폭탄이 떨어졌을 때나, 월남전 고엽제 살포에도 생존했을 정도로 생명력이 강하다고 한다.

---

67) 「상죽헌기(霜竹軒記)」 夫竹一植物耳. 植物之遭霜露 其爲變烈矣 摧折隕墜 無復生氣. 盈兩間之間者皆是 而竹也不改柯易葉 挺然獨秀焉. 是以 古之韻人絶士率多愛之.

10. 길상문양

(1) 무시무종
(2) 만자문양
(3) 당초문양
(4) 박쥐

하늘이 인간에게 행운을 줄 때는 먼저 이를 암시하는 징조를 보인다는 인식이 길상 관념이다. 길상 관념은 상서로운 환경을 통해 오복이 실현되기를 추구하는 현실적 욕망과 관련이 있다. 상서로운 환경과 분위기는 그 자체가 신이 인간에게 복을 내리기 이전에 보여주는 징조라는 것이다. 그래서 사람들은 그와 관련된 상징과 문양으로 주위 환경을 조성하고 그 기운으로 염원하는 바가 현실에서 이루어지기를 기대하였다.

길상의 대상은 동물과 식물이 주를 이루지만, 세분하면 자연·상상·문자·철학·종교 등으로 다양하다. 사람들은 길상문양을 음식·복식·건축·회화·공예 등 일상생활에 구비해 놓고, 그 상서로운 기운이 삶 속에서 우러나기를 염원하였다.

◈ 길상의 대상

자연	학, 거북, 사슴, 박쥐, 매화, 국화, 대나무
상상	용, 봉황, 기린, 해치, 귀면, 가릉빈가, 보상화
문자	부(富), 귀(貴), 수(壽), 복(福), 강(康), 녕(寧), 희(囍)
사상	풍수, 천원지방, 무시무종(無始無終)
종교 (불교)	연꽃, 보주(寶珠), 만(卍)자
종교 (유교)	태극, 팔괘
종교 (도교)	삼신사상, 불로초, 천도(天桃)

때로는 유사한 성격의 길상들이 모여 새로운 군집을 이루기도 한다. 매화·난초·국화·대나무는 혹독한 자연환경에서 자기 정체성을 유지하는 속성이 있어 지조와 절개를 상징한다. 그래서 이들을 사군자四君子라고 한다. 풍수에서는 청룡·백호·주작·현무가 특정 방위를 수호하는 기능을 한다. 그래서 이들을 사신사四神砂라고 부른다. 이와 같이 속성이 유사한 길상을 모아 하나의 그룹으로 취급하는 것을 군집형 길상이라고 한다.

◈ 군집형 길상

사군자(四君子)	매화, 난초, 국화, 대나무
사신사(四神砂)	청룡, 백호, 주작, 현무
오복(五福)	수(壽), 부(富), 강녕(康寧), 유호덕(攸好德), 고종명(考終命) (오복의 요소는 조금씩 차이가 있다)
십장생(十長生)	해, 물, 소나무, 거북, 학, 불로초, 사슴, 구름, 산, 돌 (십장생의 요소는 조금씩 차이가 있다.)
십이지신(十二支神)	쥐(子), 소(丑), 호랑이(寅), 토끼(卯), 용(辰), 뱀(巳) 말(午), 양(未), 원숭이(申), 닭(酉), 개(戌), 돼지(亥)

(1) 무시무종

　무시무종無始無終이란 '시작도 없고 끝도 없다'는 뜻으로, 불변의 진리와 윤회輪回의 무한성無限性을 이르는 말이다. 무시무종 문양은 '끝없이 돌고 도는 문양'이란 의미로 회문回紋 또는 뇌문雷紋이라고도 하며, 개인이나 국가의 번영과 평안이 지속되기를 바라는 염원이 담긴 문양이다. 회문은 특정 문양을 지칭하는 것이 아니라, 만자문卍字紋·당초문唐草紋·아자문亞字紋 등과 같이 다양한 형태의 무시무종 문양을 통칭하는 용어이다. 생활 속에서는 그림·의복·가구·담장 등의 테두리 장식에 많이 사용된다.

교태전 양의문

양의문(兩儀門)

　강녕전을 지나 뒤로 돌면 교태전의 정문인 양의문兩儀門이 있고, 양의문 좌우에는 행랑채와 연결된 붉은색 굴뚝이 있다. 굴뚝은 붉은색 표면 위에 흰색의 삼화토三和土로 표현한 글자와 문양이 독특한 조화를 이루고 있다. 동쪽 굴뚝에는 영세만세永世萬歲, 서측 굴뚝에는 만수무강萬壽無疆 문자를 새겼다. 그리고 문자의 외곽은 무시무종을 상징하는 회문回紋으로 처리하였다. 굴뚝에 표현된 문자文字와 문양紋樣은 모두 왕비의 건강과 장수를 기원하는 것들이다.

만수무강(萬壽無疆)

영세만세(永世萬歲)

　교태전 꽃담의 테두리 장식 역시 대부분 무시무종 문양이다. 무시무종 문양은 전통문양에서 테두리 장식으로 가장 많이 사용되는 장식이다.

교태전 꽃담

무시무종 문양

교태전 후원에 있는 꽃담에는 대나무 껍질을 가로와 세로로 엮어 만든 소쿠리 모양의 회문양回
紋樣이 있다. 각 라인의 가운데에 흰 띠를 첨가하고 사이사이 빈 공간에는 꽃문양으로 치장하여
마치 회화작품을 연상케 한다.

교태전 꽃담

회문양(回紋樣)

자경전 꽃담에는 장수를 상징하는 문양이 다양하게 치장되어 있다. 수막새는 수壽자 이고 암막
새는 불로초이며, 그림 속 나비와 대나무·국화·모란 등도 모두 장수를 의미한다. 담장의 여백은
만자문양과 회문양이 가득 메우고 있다.

자경전 꽃담

회문양(回紋樣)

　광화문의 문루 여장如墻에도 무시무종을 의미하는 회문양回紋樣을 촘촘하게 장식하여 조선왕조의 번영이 단절되지 않고 영원토록 지속되기를 기원하였다.

광화문

회문양(回紋樣)

　태평화太平花는 천상에 피는 상상의 꽃으로, 천하가 무궁무진하게 평안하라는 염원을 담고 있다. 태평화는 주로 궁궐 지붕의 부리초 표면에 그렸으며, 검정바탕에 흰색무늬로 묘사하였다. 부리초는 지붕에서 처마 부재의 마구리면에 장식하는 단청문양으로, 부재의 명칭에 따라 평방부리초·도리부리초·추녀부리초 등으로 부른다.

광화문 처마

태평화(太平花)

(2) 만자문양

만자문양卍字紋樣은 고대 페르시아와 그리스 등에서 장식미술로 사용하였다. 인도에서는 태양 신 비슈뉴의 화신인 크리슈나의 가슴에 있는 털이 만자문양이다. 불교에서는 "부처가 가슴에 만卍 자를 가지고 탄생했다."고 하여 상서로움의 표상이 되었으며, 중국 당나라의 측천무후(693년)는 불 교적 길상吉祥의 의미를 담아 만萬자로 읽게 했다고 한다.[1]

민간에서는 만복萬福의 무한성과 장구성, 즉 길상만덕吉祥萬德의 상서로움을 상징하여 건축·가 구·공예·복식 등 다양한 분야에서 사용하고 있다. 만자 문양은 한 글자만을 단독으로 사용하기도 하지만, 몇 개를 모아서 군집을 이루기도 한다. 때로는 글자의 끝부분을 종횡으로 길게 늘이고 서로를 연결하여 독특한 문양으로 멋을 부리기도 한다.

---

1) 이덕무, 『청장관전서(靑莊館全書)』「앙엽기(盎葉記)」
　法苑珠林 叙佛之初生云 開卍字於胷前 攝千輪於足下.
　華嚴經音義 卍本非字 大周長壽二年 主上 案則天后 權制此文 著于天樞 音萬.

교태전 꽃담

자경전 꽃담

만자문양卍字紋樣이 사방으로 퍼지는 모양은 길상의 기운이 만방으로 확산되는 것을 의미한다. 만자卍字는 원래 문자가 아니라 삼라만상이 원만하게 유전하는 개념을 나타내는 길상의 상징이었다고 한다. 만자 문양을 사방으로 연결한 만자금문卍字錦紋은 경복궁의 강녕전·교태전·자경전·태원전이나 창덕궁의 대조전·희정당·낙선재와 같이 주로 격이 높은 전각에 장식되었다.

특히 자경전 지붕의 합각부는 꽃과 회문回紋으로 팔각문양을 만들고 그 위에 구름문양을 새겼으며, 나머지 여백은 만자금문으로 채워 길상에 대한 상징의 표현과 함께 예술적 완성도를 높였다.

자경전

합각부 만자문양

강녕전 합각부의 장식은 자경전의 것과 유사하지만 만자문의 각도와 중앙부의 구성은 사뭇 다르다. 자경전은 팔각형 틀 내부를 태평화太平花과 회문回紋으로 장식한 반면, 강녕전은 사각형 틀 속에 회문을 두르고 그 안에 강녕전康寧殿의 강康자와 녕寧자를 한 자씩 채워 넣었다.

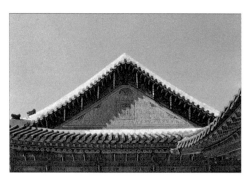

강녕전

합각부 만자문양

교태전 합각부는 규모가 작아서 문양도 상대적으로 단순하다. 합각부 중앙의 글자는 교태交泰를 사용하지 않고, 수복壽福의 수壽자와 복福자로 장식하였다. 자경전·강녕전·교태전의 합각부 크기를 통해 각 전각의 규모를 가늠해 볼 수 있다.

교태전

합각부 만자문양

후궁의 생활공간인 집경당과 함화당은 규모와 형태가 유사하다. 건물의 서측에는 각각 전면으로 돌출된 누정건물이 딸려 있다. 그리고 누정건물 하단의 측벽에는 하얀 바탕에 검정색 전돌로 만자문양卍字紋樣을 장식하였다.

집경당 만자문양

함화당 만자문양

조선왕조는 궁궐의 주요 전각 주위에 화재 예방을 위한 드므를 배치하였다. 그 중에서 경복궁 근정전에 있는 드므는 규모나 형태가 덕수궁 중화전에 있는 것과 유사하다. 그리고 드므 표면에는 모두 만卍자를 새겨 놓았다. 특히 중화전의 드므에는 만萬자 글씨가 추가되어 있고, 만卍자 문양의 개수도 더 많다.

근정전 드므

드므의 만자문양

중화전 드므

드므의 만자문양

(3) 당초문양

당초문양唐草紋樣은 덩굴식물의 꽃·잎·열매·줄기 등을 일정한 모양과 형식으로 도안화한 장식 무늬를 말한다. 당초唐草는 특정 식물을 지칭하는 것이 아니라 식물의 형태를 일정한 형식으로 도안화한 것이며, 식물의 대상에 따라 보상당초·인동당초·포도당초·모란당초 등으로 명명한다. 당초문양은 고대 이집트·페르시아·그리스·로마 등 서방세계에서 유행하였으며, 실크로드를 통해 중국으로 들어온 뒤, 6~7세기 경 불교문화의 유입과 함께 우리나라에 전래되었다고 한다.

당초문양 역시 시작과 끝을 알 수 없게 꽃과 넝쿨이 얼기설기 이어진 모양을 하고 있어 무시무종無始無終을 상징한다. 당초문양은 주로 건축·복식·회화·가구 등의 테두리 장식으로 많이 활용되었다. 특히 건축에서는 단청의 문양으로 많이 활용되었으며, 수막새·암막새와 같은 기와 장식으로도 쓰여 구성원들의 건강과 행복이 장구長久하기를 기원하였다.

근정전 답도(踏道)

근정전 답도 당초문양

흥례문 답도(踏道)

흥례문 답도 당초문양

왕이 사용하는 궁궐의 답도踏道와 어도御道는 계단의 수직면을 당초문양으로 화려하게 장식하였다. 그래서 멀리서도 쉽게 식별되는 명시적 효과가 뛰어나다. 그러나 아쉽게도 당초문양의 원형이 남아있는 곳은 현재 경복궁과 창경궁 밖에 없다.

조선말기에 제작된 덕수궁 중화전中和殿과 황궁우皇穹宇 답도에는 당초문양이 장식되어 있지 않으며, 좌우에 배치된 해치 조각도 투박하고 작품성이 떨어진다. 을미사변乙未事變과 아관파천俄館播遷 직후에 제작된 것들이어서 당시의 어수선한 시대상황이 반영된 결과라고 생각된다.

황궁우 답도

황궁우 해치

왕비와 대비가 거처하는 교태전과 자경전에는 몇 줄기만으로 파편화된 당초문양이 눈길을 끄는데, 간결하면서도 독특한 아름다움이 돋보인다. 특히 문이나 굴뚝의 전면부에 부착하여 당초문양에 내재된 상징성과 장식적 화려함을 동시에 추구하였다.

교태전 굴뚝

학과 당초문양

문 옆에 세로로 설치한 당초문양은 교태전 후원의 건순문과 자경전에서 찾아볼 수 있다. 건순문의 당초문양이 회벽에 전돌을 구워 장식한 것이라면, 자경전의 당초문양은 문의 양 옆에 세로로 판자를 부착하고 판자면에 그림으로 표현한 것이다.

교태전 건순문

건순문 당초문양

교태전 굴뚝의 당초문양은 가로로 짤막한 당초문양이 굴뚝의 전면에 등장한다. 반면, 자경전 십장생굴뚝의 당초문양은 측면에 박쥐문양과 함께 세로로 장식되어 있다. 굴뚝 측면의 단조로운 공간을 재치와 예술적 감각으로 디자인 한 장인의 섬세한 솜씨가 돋보이는 작품이다.

자경전 십장생굴뚝

당초문양

경회루 앞에 놓여 있는 풍기대는 4각형의 대석臺石과 8각형의 몸신으로 구성되어 있다. 대석에는 불로초 문양이 새겨져 있고 몸신의 표면에는 세로로 빙둘러 당초문양이 양각되어 있다.

경복궁 풍기대(보물 제847호)

풍기대 당초문양

누정樓亭이란 외부 경관을 완상하거나 휴식을 취하기 위해, 기다란 주초석柱礎石 위에 세운 누각건물을 말한다. 누정을 지지하는 기둥과 창방은 누정 안에서 바깥 풍경을 바라볼 때, 액자의 프레임과 같은 역할을 한다. 기둥과 창방으로 구성되는 사각형 프레임의 단조로움을 피하기 위해 프레임 안쪽에 좁고 기다란 장식부재를 부착하는데, 이를 낙양 또는 낙양각落陽刻이라고 한다. 낙양각 표면은 주로 청색과 붉은색이 어우러진 당초문양으로 화려하게 장식한다. 특히 낙양각 테두리는 물결치듯 굴곡진 모양이 초목의 형상을 닮아 파련각波蓮刻이라고 부른다.

경회루

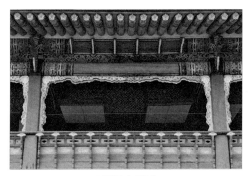

경회루 낙양각

아름다운 자연경관을 낙양각의 프레임 안에 담아 한 폭의 그림처럼 감상하는 것을 차경借景이라고 한다. 낙양각은 외부 경관을 즐기는데 도움을 줄 뿐만 아니라 건물자체의 멋과 품위를 높이는데도 중요한 역할을 한다. 이러한 낙양장식은 특히 한국과 중국의 누정건물에서 즐겨 사용하였다. 경복궁에서는 경회루·향원정·집옥재·팔우정에서 볼 수 있다.

향원정

향원정 낙양각 / 출처 : 문화재청

낙양각은 외부 경관을 효과적으로 감상하기 위한 것이므로 누정 건물의 외부기둥에 설치하는 것이 일반적이다. 그런데 집옥재의 낙양각은 여러 가지 측면에서 전통 한옥의 질서와 다르다. 우선 집옥재는 외부경관을 감상하기 위한 누정건물이 아니다. 그리고 낙양각이 외부기둥이 아닌 실내에 장식되어 있다. 뿐만 아니라 창방 위의 3면에 모란꽃을 장식하고 그 테두리에 낙양각을 장식하였다. 즉 집옥재에서는 낙양각을 외부경관의 조망을 위해 사용한 것이 아니라 실내장식의 한 방편으로 활용하고 있는 것이다.

집옥재 내부

집옥재 낙양각

팔우정은 중국풍의 건축양식이 가미된 팔각정으로, 낙양각 장식이 돋보이는 정자건물이다. 그리고 집옥재·협길당과 일렬로 연결되어 하나의 건물군을 이루고 있다. 팔우정은 집옥재와는 건축양식과 디자인이 나름대로 조화를 이룬다. 두 건물이 모두 중국풍 양식의 건물이기 때문이다. 하지만 집옥재와 협길당은 하나의 건물군이라고 하기에는 성격이 너무 다르다. 집옥재는 중국풍이고 협길당은 전통 한옥으로서 두 건물의 성격과 양식이 다르기 때문이다.

팔우정

팔우정 낙양각

그 이유는 경복궁 중건과 몇 차례의 화재로 국가의 재정이 바닥난 상태에서, 위계와 규모가 적합한 기존의 건물을 재사용하라는 고종의 지시[2]에 따라 창덕궁 함녕전의 별당이었던 집옥재와 협길당 등을 옮겨와 중건하였기 때문이다. 즉 현재의 집옥재 건물군은 처음부터 계획적으로 디자인된 것이 아니라, 개별적으로 존재했던 건물들을 고종의 명령으로 현재의 위치에 옮겨와 재조합한 건물들이다.

---

2) 『고종실록』 1891년(고종 28) 7월 31일 을해. 命寶賢堂改建 集玉齊移建 令重建所擧行.
　고종은 '보현당(寶賢堂)은 고쳐짓고, 집옥재(集玉齋)는 옮겨지으라'고 지시하였다.

(4) 박쥐

교태전 굴뚝

박쥐문양

박쥐를 어원적으로 살펴보면 '밤에 활동하는 쥐' 또는 '광명을 가져다주는 전령'으로 알려져 있는 날짐승이다.[3] 박쥐는 포유류 중에서 유일하게 하늘을 나는 동물이다. 그래서 천서天鼠라고도 부른다. 특히 박쥐蝙蝠의 복蝠과 복福의 발음이 동일하여 복을 가져다주는 길상의 동물로 인식하였다. 그래서 일상생활의 건축이나 의복·장신구·가구·식기 등에 박쥐문양을 장식하여 행운을 기원하였다. 하지만 서양에서는 사악한 기운을 유발하는 흉물로 인식하는 경향이 강하다. 쥐를 닮은 생김새와 밤에만 활동하는 습성으로 중세에는 악마나 마녀의 상징으로 여기기도 하였다.

◈ 박쥐에 대한 동양과 서양의 상징성 비교

동양	장수의 상징 왕성한 번식력으로 자손의 번창을 상징 박쥐(蝙蝠)의 복(蝠)과 복(福)의 중국어 한자발음이 동일 경사와 행운을 가져다주는 오복(五福)의 상징
서양	어두컴컴한 동굴에 서식 마녀 또는 악마를 상징 모세의 율법에서도 박쥐는 부정한 동물을 상징 낮에는 활동하지 않고, 밤에만 활동하는 부정적 이미지 밤 또는 어둠과 관계가 있기 때문에 매춘부나 장님을 상징

---

3) 밤(夜)+쥐 – 밤에 활동하는 쥐.
  밝(明)+쥐 – 광명과 복을 가져다주는 전령.

중국 동진東晉의 사상가이자 의학자인 갈홍葛洪은 "박쥐가 천살이 넘으면 흰색으로 변하고 뇌가 무거워져 거꾸로 매달리는데, 이들을 그늘에 말려서 복용하면 사만 세까지 살 수 있다."[4]고 하였다. 즉 박쥐는 장수의 대상이므로, 박쥐를 잡아서 장수의 선약仙藥으로 활용할 수 있다는 것이다.

박쥐 두 마리를 그린 문양은 쌍복雙福이라 하고, 다섯 마리는 오복五福이라고 한다. 박쥐문양은 양 날개를 대칭으로 활짝 펼친 모양이 일반적인데, 궁궐에 장식된 박쥐는 양 날개를 대각선 방향으로 펼쳐 태극문양과 유사한 형태를 보이기도 한다. 경복궁에서 박쥐문양은 교태전·자경전 굴뚝과 암막새 기와에서 찾아볼 수 있다.

교태전 굴뚝

박쥐문양 상세

자경전 십장생굴뚝의 좌우 측면에도 박쥐문양이 있다. 박쥐문양이 아래를 향하고 있는 이유는 행운이 하늘에서 지상으로 내려온다는 인식에 따른 것이다.

자경전 굴뚝

박쥐문양 상세

---

4) 갈홍, 『포박자』 「선약(仙藥)」 千歲蝙蝠, 色白如雪, 集則倒懸, 腦重故也. 此二物得而陰干末服之, 令人壽四萬歲.

고종의 잠저이자 홍선대원군의 사저였던 운현궁은 지붕과 담장에 박쥐문양이 가득하다. 운현궁은 암막새와 수막새는 물론 망새까지 박쥐문양으로 장식하여 독특한 분위기를 자아낸다. 운현궁에 박쥐문양이 많은 이유는 하늘로부터 행운을 가져다주는 길상의 의미와 함께 박쥐가 야행성이므로 밤에도 집을 잘 수호해 주기를 바라는 벽사의 의미까지 복합된 것이라고도 한다.

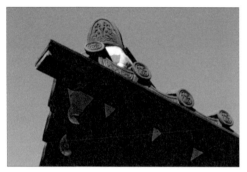
운현궁 이로당

운현궁 행랑채

운현궁 노락당

운현궁 담장

덕수궁에는 고종의 침전인 함녕전 후원에 나지막한 언덕이 있고, 그 위에 1900년에 로마네스크 양식으로 지은 정관헌靜觀軒이 있다. 정관헌은 고종이 외국사절단을 맞이하거나 휴식을 취하던 장소이다. 정관헌은 다양한 현대식 건축자재를 사용하여 지은 서양풍의 건축양식에 전통 목조건축 요소가 가미되어 이색적인 분위기를 자아낸다. 특히 기둥 상부와 철재 난간에는 십장생과 박쥐문양을 반복적으로 장식해 놓았는데, 현대 건축과 전통 디자인의 적절한 조화가 돋보인다.

덕수궁 정관헌

기둥의 박쥐장식

정관헌 철재 난간

난간의 박쥐장식

11. 벽사상징

(1) 해치
(2) 척수
(3) 잡상
(4) 귀면

벽사辟邪란 사악邪惡한 기운을 물리친다는 의미이다. 옛사람들은 나쁜 일이 일어나는 것은 사악한 기운, 즉 사기邪氣 때문이라고 생각하였다. 그래서 벽사의 상징과 문양에는 사기를 없애주는 주술적인 힘이 있다고 믿었다. 길상吉祥이 좋은 일을 실현하는 적극적인 개념이라면, 벽사는 나쁜 일을 예방하는 소극적인 개념이다. 결국 벽사는 넓은 의미에서 길상에 포함되는 개념인 것이다.

특히 벽사의 의미를 갖는 동물을 벽사수辟邪獸라고 하는데, 우리나라에서 가장 오래된 것은 백제 무령왕릉에서 출토된 것이다. 벽사수는 상상속의 동물이기 때문에 종류나 모양이 특정되어 있지는 않지만, 일반적으로 머리에는 뿔이 있으며 호랑이·사자·개·돼지 등이 복합된 모양을 하고 있다.

이와 같이 벽사의 기능을 갖는 상징들은 건물이나 무덤·생활용품·가구장식에 이르기까지 일상생활 전반에 걸쳐 조각이나 문양의 형태로 등장한다.

◈ 벽사의 종류와 위치

해치(獬豸)	문 앞, 계단, 월대	광화문, 근정전, 집옥재
취두·용두·망새	용마루 끝 내림마루 끝 추녀마루 끝	취두 - 근정전, 경회루, 자경전, 광화문 등 용두 - 근정전, 경회루, 강녕전, 교태전 등 망새 - 건물의 지붕
잡상(雜像)	추녀마루	건물의 지붕
귀면(鬼面)	문, 굴뚝, 다리	문 - 연휘문, 계명문, 영춘문, 필성문 굴뚝 - 자경전, 교태전 다리 - 영제교 (일제 때 파괴)
드므	건물 주위	근정전, 강녕전, 교태전
진묘수(鎭墓獸)	무덤 내부	무령왕릉
인뉴(印紐)	도장의 손잡이	옥새(玉璽), 국새(國璽)
대구(帶鉤)	허리띠 장식(버클)	평안북도 위원군 용연동 유적에서 출토된 허리띠고리
기타	다리, 담장, 굴뚝 등	다리 - 영제교 양 옆 담장 - 자경전, 교태전 굴뚝 - 자경전, 교태전

(1) 해치

해치는 영물스럽고 시비곡직是非曲直을 판단하는 신령스런 재주가 있어 성군을 도와 현명한 일을 많이 했다고 전해지는 상상 속의 동물이다. 중국의 문헌에 의하면 "해치는 동북 변방에 있는 짐승이며, 한 개의 뿔을 가지고 있는데, 성품이 충직하여 사람이 싸우는 것을 보면 바르지 못한 자를 뿔로 받고, 사람이 따지는 것을 들으면 옳지 않은 자를 문다."[1]고 한다.

중국의 중요한 전각 앞에는 용맹하게 생긴 사자 한 쌍이 놓여 있다. 이 조각상을 해치라고 주장하는 경우도 있는데, 이 조각상에는 해치의 가장 큰 특징인 뿔이 없다. 따라서 해치라기보다 전각을 수호하고 건물의 격을 높여주는 벽사기능의 사자라고 생각된다.

북경 숭산(崇山) 사자상

엄마사자와 새끼사자

고대 중국에서는 유교적 이상사회의 구현을 위해 도덕적 신통력을 지닌 해치를 사법 행정의 이상적 상징으로 궁궐이나 관청 앞에 두었다. 이러한 관행은 초나라 때부터라고 한다. 특히 해치의 꼬리를 진미塵尾라고 하였는데, 궁궐이나 관청을 드나드는 사람들에게 진미를 쓰다듬으며 마음 속 먼지를 정화하게 했다고도 한다. 이처럼 신성성을 갖춘 해치를 서울시는 최근에 서울의 상징 아이콘으로 지정하였다.(2008년 5월 13일)

---

1) 『설문해자(說文解字)』, 解廌, 獸也. 似山牛, 一角. 古者決訟, 令觸不直. 象形, 从豸省. 凡廌之屬皆从廌. 宅買切.

광화문 앞 해치

광화문 앞 해치

　해치는 가공의 동물이므로 뿔이 한 개라는 것 말고는 신체의 특징이 명확한 건 없다. 다만 중국
과 일본의 해치는 외뿔이 날카롭고 외모가 강렬해서 무서운 맹수를 연상케 한다. 반면, 우리나라
의 해치는 통통하고 익살스런 표정을 하고 있어 친근한 느낌마저 든다. 서양에서 뿔이 하나인 동
물은 중세 『동물지動物誌』에 등장하는 유니콘unicon이 고작이지만, 동양은 『산해경』에만도 외뿔
동물이 수없이 등장한다.[2] 그만큼 동양문화에서는 외뿔동물을 친숙하게 인식하였다.

해치, 『왜한삼재도회』본[3]

조고, 『호문환도』본[4]

---

2) 『산해경』에 등장하는 해치 － 장체(長彘)·고조(蠱雕)·서(犀)·시(兕)·총롱(葱聾)·쟁(猙)·박(駮)·환소(㩲疏)·발마·동
　　동·수신인면신(獸身人面神)·용어(龍魚) 등

해치의 형상이나 특징에 대해 별도로 규정된 건 없다. 따라서 해치라고 회자膾炙되는 대상도 다양하게 존재한다. 하지만 우리나라 해치라고 볼 수 있는 것은 광화문 앞에 있는 해치를 표준으로 생각해도 좋을 거 같다. 궁궐을 비롯하여 조각이나 그림에 등장하는 해치들도 대부분 이와 유사한 모양을 하고 있기 때문이다.

◈ 해치의 특징

머리	사자처럼 긴털로 덮여있다.
뿔	뿔은 하나이며, 선악시비를 판단하는 기능을 한다.
목	방울을 달고 있다. 뱀의 비늘
몸	비늘로 덮여 있다.
겨드랑이	날개모양의 깃털이 있다.
발가락	3개 또는 4개의 긴 발가락을 가지고 있다.
꼬리	복스럽게 생겼으며, 사악한 기운을 털어낸다.

광화문 앞의 해치는 물을 관장하므로 관악산의 화기를 제압하는 풍수적 기능이 있다는 설도 있다. 한양에서 화재가 빈번하게 발생하는 이유가 활활 타오르는 모양의 관악산이 마주하고 있기 때문이라는 것인데, 그래서 이를 제압하고자 해치를 배치했다는 것이다. 해치가 법과 정의의 상징이든, 물의 상징이든 인간의 삶과 염원에 따라 그 성격도 변하고 있음을 알 수 있다.

광화문 앞 해치

해치 상세

3) 寺島良安, 『倭漢三才圖會』 第四卷, 韓國學資料院, 2011, p.246.

4) 마창의·조현주 역, 『古本山海經圖說』 上, 다른생각, 2013, p.134.

풍수에서는 명당으로 유입된 생기는 물을 만나야 그 누수를 막아 내부영역에 좋은 기운을 축적할 수 있다고 한다. 물로 생기를 보호한다는 풍수논리는 한국과 중국의 양택과 음택 공간의 입지와 배치 이론에 지대한 영향을 주었다. 그래서 궁궐·왕릉·관청·사찰·민가 등 주요 전각은 내부영역에 모여 있는 생기를 보호하기 위해 진입부를 가로지르는 물길을 만들거나 연못을 조성하였다.

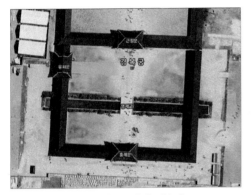

금천과 영제교 / 출처 : 다음지도

금천과 영제교

전통건축은 전각의 성격을 물길을 기준으로 나누는데, 내부 영역을 성스러운 공간, 외부 영역을 속세의 공간이라고 구분한다. 경복궁도 광화문 뒤 홍례문과 근정문 사이에 물길을 조성하고, 영제교를 가설하였다. 그리고 영제교 주위에서는 해치들이 물길을 무섭게 노려보고 있다. 이곳에 배치된 해치들은 물길을 통해 침입하는 외부의 나쁜 기운을 막고 내부의 좋은 기운을 보호하는 벽사의 기능을 하고 있는 것이다. 이 괴상하게 생긴 동물은 천록天祿이라는 주장도 있다. 이 동물이 해치든 천록이든 벽사의 의미인 것만은 변함이 없다.[5]

<hr>

5) 이덕무의 『청장관전서』「이목구심서(耳目口心書)」와 유득공의 『영재집』「춘성유기(春城遊記)」에는 해치를 천록
(天祿)이라고 추정할 만한 내용이 있다.
이덕무, 『청장관전서』「이목구심서」 景福宮御溝旁 有卧石 獸面如猿猊 頂有一角 通身有大鱗 以爲猿猊 則有角有鱗
以爲獬 則亦有鱗而足如衇 莫知其名.
유득공, 『영재집』「춘성유기(春城遊記)」 景福古宮 宮之南門內有橋 橋東有石天祿二 橋西有一鱗鬣 蜿然良刻也.

영제교 해치

출처 : 조선고적도보

근정전 월대 모서리에는 해치 두 마리가 서로 반대 방향을 주시하며 앉아 있는데, 엄마 품에 안겨 있는 새끼 해치의 모습이 무척 사랑스럽다. 한 가족이 모두 나와 궁궐을 수호하고 있는 것이다.

근정전 월대

월대 해치

집옥재 계단은 위에서 아래로 길게 뻗은 경계석 끝부분에 해치의 머리가 있어 마치 용과 같은 인상을 준다. 집옥재 건물이 전통 한옥의 양식과 크게 다르다는 것은 앞에서도 언급하였다. 마찬가지로 계단의 장식 역시 다른 곳에서는 찾아볼 수 없는 양식들이다.

집옥재 정면

집옥재 계단

크기가 작아 언뜻 보면 보이지 않지만 광화문에도 해치가 있다. 광화문 문루 위 양 모서리에 한 마리씩 웅크리고 앉아 전방을 응시하고 있는데, 자세히 보면 제법 큰 조각상이다. 이들 해치 역시 광화문 위에서 나쁜 기운을 감시하는 벽사의 기능을 하고 있는 것이다.

광화문

광화문 해치

(2) 척수

척수脊獸란 건물의 위엄과 품격을 높이고 화재를 예방하기 위해, 용마루 양 끝단에 설치하는 동물 모양의 장식을 말한다. 척수는 생긴 모양에 따라 치미鴟尾 또는 취두鷲頭라고도 한다. 척수는 상징적 의미 외에도 기와의 흘러내림 방지와 방수의 기능을 한다.

척수의 형태는 크게 두 가지로 분류되는데, 물고기 꼬리를 닮은 것을 치미鴟尾라 하고, 입을 크게 벌려 용마루를 물고 있는 형상의 것을 취두鷲頭라고 한다. 처음에는 중국 한나라에서 치미가 사용되다가, 당나라 이후부터는 취두가 유행했다고 한다. 이후 치미와 취두는 우리나라와 일본으로 전래되었다.

◈ 중국의 척수(脊獸)

한나라	치미(鴟尾)	물고기 꼬리	화재 예방을 목적으로 처음 등장
당나라 이후	취두(鷲頭)	용머리	국가의 권위 상징으로 발전

우리나라는 삼국시대와 고려시대에는 주로 치미를 사용하였다. 그러나 조선시대에는 궁궐의 주요 전각에 줄곧 취두를 사용하여 건물의 권위와 품격을 높이고,[6] 화재와 재앙을 예방하는 벽사의 기능을 하였다. 그런데 화재예방을 위해 설치한 취두가 실제로는 화재를 불러오기도 했으니 아이러니라 할 수 있다. 지붕 끝에 뾰족하게 돌출된 구조는 천둥과 번개에 의한 벼락에 취약하여 오히려 화재를 불러오는 경우가 있었기 때문이다.

◈ 한국의 척수(脊獸)

삼국 ~ 고려시대	치미(鴟尾)	물고기 꼬리	꽃문양, 깃털문양
조선시대	취두(鷲頭)	용머리	용문양

---

6) 송나라 사신 서긍(徐兢)의 『선화봉사고려도경』 「궁전조」와 조선후기의 실학자 한치윤의 『해동역사』 「세기, 고려조」는 치미가 황제의 권위를 상징하는 것이었다는 내용을 수록하고 있다.

　일본에서는 척수를 킨샤치(金鯱, きんしゃち) 또는 샤치호코(鯱, しゃちほこ)라고 부른다. 샤치호코의 몸은 물고기이고, 머리는 호랑이이며, 배와 등에는 날카로운 돌기가 나와 있고, 꼬리는 항상 하늘을 향해 있다. 이와 같이 한·중·일 삼국의 척수脊獸가 세부적으로는 상당히 달라 보이지만 큰 틀에서 보면 모양과 기능이 모두 유사하다는 것을 알 수 있다.

희메지성　　　　　　　　　　　　　　　　희메지성 치미

　조선왕조 이전의 나라들은 불교국가였기 때문에 황룡사와 같은 사찰의 용마루에도 치미鴟尾를 장식하였다. 하지만, 유교국가였던 조선왕조는 사찰대신 성균관이나 종묘 등의 유교건축에 취두鷲頭를 장식하였다.

부여 왕흥사지 치미 복원 모형 / 출처 : 문화재청

경복궁에서는 광화문·영추문·건춘문·신무문·홍례문·유화문·근정문·근정전·사정전·연생전·경성전·자선당·경회루·자경전·협길당·함원전·흠경각·수정전·태원전 등에서 취두 장식을 볼 수 있다. 특기할 내용은 경복궁의 문과 전각 중에서 규모가 가장 크고, 중요도가 높은 전각의 용마루에 장식된다는 사실이다. 그래서 사정전의 부속건물인 만춘전과 천추전 지붕에는 취두장식을 하지 않았다. 강녕전 역시 경성전과 연생전에는 취두를 장식을 하였지만 상대적으로 격이 낮은 연길당과 응지당은 취두대신 용두龍頭를 장식하였다.

사정전 취두

만춘전 용두

교태전

교태전 용두

강녕전과 교태전은 왕과 왕비의 침전으로서 중요도가 높은 전각임에도 불구하고 지붕에 취두가 없다. 이는 강녕전과 교태전 지붕이 용마루가 없는 무량각지붕이어서 취두를 설치할 수 없는 구조이기 때문이다. 우리나라의 궁궐은 왕과 왕비의 침전 건물에 용마루를 설치하지 않는다. 왕과 왕비

가 용을 상징하므로 그 위에 또 다른 용이 중복적으로 있을 필요가 없기 때문이라고도 한다.[7]

덕수궁 함녕전

함녕전 취두

덕수궁의 함녕전은 왕의 침전 건물임에도 다른 전각과 마찬가지로 용마루와 취두가 있다. 그 이유에 대해서 밝혀진 건 없다. 다만 함녕전의 창건 시기가 서양문물이 빠르게 유입되던 조선말기였으므로 전통 건축양식에 대한 의식이 희석된 결과인지도 모르겠다.[8] 고종은 이 건물에서 1919년 1월 21일 승하하였다.

자금성 태화전

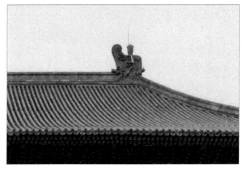

태화전 취두

7) 중국에서는 신분이나 건물의 기능에 상관없이 누구나 지붕에 용마루가 없는 무량각지붕을 사용할 수 있다. 우리나라에서 용마루에 특별한 의미를 부여하고 왕과 왕비의 침실에 용마루를 두지 않은 것은, 우리나라만의 독특한 문화라고 이해하면 될 것이다.

8) 함녕전은 1897년(광무 1) 창건되었으나, 1904년(광무 8) 화재로 전소되어 그해 12월에 중건되었다.

자금성 태화전과 경복궁 근정전엔 모두 취두가 장식되어 있다. 태화전의 취두는 용머리의 뿔을 강조하고 몸체와 꼬리를 왜소하게 처리하여 전면이 높고 후면이 낮은前高後低 형태이다. 반면, 근정전의 취두는 이와 반대로 머리보다 몸통과 꼬리를 강조하여 전면이 낮고 후면이 높다.前底後高 그런데 경복궁의 취두는 근정전과 경회루를 제외한 대부분의 전각들이 전고후저의 중국 자금성 양식을 따르고 있다.

경복궁 근정전

근정전 취두

함원전은 세종 때 불상을 모셔두고 불교의식을 행했던 장소이며, 단종이 일시 머물렀던 장소로도 알려져 있다. 함원전은 흥선대원군 때 중건된 이후, 일제강점기 때 화제로 소실된 창덕궁 복원을 위해 이건되었다. 현재의 건물은 1995년 옛터에 다시 중건한 것이다.

함원전

함원전 취두

한양의 4대문과 경복궁의 4대문을 비롯하여 전국에 산재하는 산성과 읍성의 문루는 대부분 용마루에 취두를 장식하였다. 취두는 용두나 망새에 비해 크고 강인한 인상을 주며, 구조적으로 견고하여 국가와 건물의 권위를 높이는 역할도 하였다.

영추문(迎秋門)

영추문 취두

경복궁 내부에도 흥례문興禮門·근정문勤政門·유화문維和門과 같이 중요도가 높은 출입문의 지붕에는 취두를 장식하여 그 위상을 높였다.

유화문(維和門)

유화문 취두

고종의 서재로 알려져 있는 집옥재集玉齋는 전체적으로 우리나라 전통 건축양식과 차별되는 독특한 양식을 하고 있다. 월대·계단·서수瑞獸뿐만 아니라 주초석·벽돌벽·실내장식·단청 등이 모두 청나라 양식이다. 특히 용마루 끝에 있는 척수脊獸는 재질과 형태가 일본 오사카성의 것과 유사하여 눈길을 끈다. 집옥재 척수는 용이 몸을 움츠리고 있는 형상인데 반해, 오사카성의 것은 얼굴은 용이지만 물고기 꼬리를 하고 있는 차이가 있다. 그리고 동편에 연결되어 있는 전통양식의 협길당 취두와도 큰 대조를 보인다.

집옥재

집옥재 취두

(3) 잡상

팔작지붕이나 우진각지붕과 같은 모임지붕에서, 처마와 처마가 일정한 각도로 교차하는 부분에 경계를 이루듯이 걸치는 부재가 추녀이다. 그리고 추녀위의 지붕이 만나 형성되는 귀마루 능선을 추녀마루라고 하는데, 잡상은 이 추녀마루 위에 놓는다. 잡상은 기와지붕의 추녀마루 위에 일렬로 나란히 배치하는 장식기와의 일종으로, 건물의 위상을 높이고 재앙을 막아주는 벽사의 기능을 목적으로 설치한다.

『조선도교사朝鮮道教史』에 의하면 전각의 추녀마루에 장식하는 십신상十神像을 잡상이라고 하며, 『어우야담於于野談』은 그 이름과 순서까지 나열해 놓고 있다. 중국 역시 십신상이 있지만 우리나라의 잡상에 상응하는 별도의 용어는 없으며, 종류와 순서도 다르다. 그런데 일본은 지붕에 잡상 장식을 아예 하지 않는다.

　지붕의 능선은 해당 위치에 따라 용마루·내림마루·추녀마루라고 하며, 이곳을 하얀색 회반죽으로 견고하게 마무리한 것을 양성바름이라고 한다. 양성바름은 지붕의 품격을 높이고 지붕마루의 구조적 안정성을 향상시켜 주는 기능이 있어 주로 궁궐이나 관아건축에 사용하였다.

　자선당資善堂[9]은 세자가 거처하는 곳이고, 비현각조顯閣은 세자의 집무실이자 동궁을 구성하는 주요 전각이다. 두 건물은 구조와 형태는 유사하지만, 지붕 장식은 크게 다르다. 자선당은 지붕에 양성바름을 하고 잡상을 두었지만, 비현각은 일반 팔작지붕 그대로이다. 자선당이 비현각에 비해 건물의 위계가 높기 때문이다.

동궁 자선당

자선당(資善堂)

동궁 비현각

비현각(丕顯閣)

잡상의 구성원을 살펴보면 잡상의 기능을 짐작할 수 있다. 잡상은 맨 앞에 삼장법사大唐師傅가 있고, 손오공孫行者·저팔계猪八戒·사오정沙和尚 등이 그 뒤를 잇는다. 이들은 당나라 황제의 칙명으로 인도에서 불전佛典을 무사히 구해오는 내용의 장편소설 『서유기』에 등장하는 주역들이다. 따라서 잡상에는 이들의 뛰어난 권능을 통해 건물에 미치는 재앙을 막아내고자 하는 벽사의 염원이 담겨 있다. 중국의 잡상은 용·봉황·기린과 같은 서수瑞獸들로 구성되어 우리나라의 잡상과는 다르지만, 화재와 질병 등 재앙을 예방하는 벽사의 기능은 동일하다.

◈ 한국과 중국의 10신상

한국	대당사부	손행자	저팔계	사화상	마화상	삼살보살	이구룡	천산갑	이귀박	나토두
	大唐師傅	孫行者	猪八戒	沙和尚	麻和尚	三煞菩薩	二口龍	穿山甲	二鬼朴	羅土頭
중국	용	봉황	사자	기린	천마	해마	물고기	해치	후	원숭이
	龍	鳳	獅子	麒麟	天馬	海馬	魚	獬	吼	犰

잡상의 숫자는 건물의 격과 중요도에 따라 3·5·7·9 등 홀수로 구성되는 것이 일반적이지만, 짝수로 되어 있는 것도 있다. 우리나라에서 잡상이 가장 많은 전각은 경복궁의 경회루(11개)와 경운궁의 중화전(10개)이며, 주요 전각들은 대부분 7개의 잡상으로 장식되어 있다. 임진왜란·병자호란·한국전쟁 등 잦은 병화와 화재 등으로 파괴 및 소실되어, 현재 잡상의 근거로 삼을 수 있는 전각은 몇 되지 않는다. 그나마 남아있는 것들은 대부분 19세기 이후의 것들이다. 따라서 잡상을 보다 올바르게 이해하기 위해서는 잡상에 대한 관련 자료의 발굴이 선행되어야 한다.

◈ 잡상의 개수

경복궁	광화문	7개	창덕궁	돈화문	7개	숭례문	9개
	근정전	7개		인정전	9개	홍인지문	9개
	강녕전	7개		희정당	7개	돈의문	7개
	경회루	11개		대조전	7개	숙정문	7개
경운궁	대한문	7개	창경궁	홍화문	5개	소의문	7개
	중화전	10개		명정전	5개	광희문	7개
	함녕전	7개		통명전	3개	창의문	7개
	덕홍전	7개		환경전	5개	혜화문	7개

◆ **한국과 중국 잡상의 특징 비교** (중국은 별도의 명칭이 없으므로 편의상 잡상으로 통일)

한국의 잡상	중국의 잡상
원숭이 즉 손오공이 맨 앞에 있다. (기록에는 대당사부가 맨 앞)	원숭이가 맨 뒤에 있다. (기록에는 용이 맨 앞)
원숭이만 사람형상으로 가부좌를 하고 나머지는 구분이 안되는 동물형상	신선만 봉황과 유사한 새를 타고 있고, 나머지는 구분이 안되는 동물형상 (신선이 홀로 서있는 경우도 있음)
색상 - 잡상을 구워서 만든 검정색	색상 - 잡상에 유약을 바른 노란색 (청색, 자색도 있음)
양성바름 위에 별도의 잡상 제작	수키와에 잡상을 고정시킨 별도의 기와 제작
사찰 지붕에는 잡상을 장식하지 않는다. 선조의 부친 덕흥대원군묘를 수호하는 흥국사는 사찰임에도 대웅전에 잡상이 장식되어 있는데, 이는 왕실과 관련되어 예외적인 경우이다.	사찰 지붕에도 잡상을 장식한다.
모임지붕에는 잡상을 장식하지 않는다.	모임지붕에도 잡상을 장식한다.

자선당 (5개)

교태전 (7개)

태원전 좌 (5개)

태원전 우 (5개)

자금성의 지붕장식은 잡상뿐만 아니라 용마루·내림마루·추녀마루·취두·용두가 모두 기와의 색상과 동일하게 노란색이다.

자금성 태화전(太和殿)

태화전 (11개)

우리나라는 향원정·팔우정과 같은 정자건물의 모임지붕에는 잡상을 두지 않는다. 반면 중국은 중화전中和殿과 같은 모임지붕에도 잡상을 장식한다.

자금성 중화전(中和殿)

중화전 (8개)

(4) 귀면

귀면은 귀신이나 도깨비 얼굴을 도안화 한 것으로 벽사를 상징한다. 주로 사찰이나 궁궐의 출입문·금천교禁川橋 하단·처마 밑·기둥상단·암막새·수막새 등에 조각이나 그림의 형태로 장식되어 외부의 나쁜 기운이 침입하지 못하도록 수호하는 기능을 한다.

귀면은 시기와 장소와 재질에 따라 다양한 모습으로 형상화 되었으며, 산발한 더벅머리에 두 개의 큰 뿔과 동그랗게 부라린 눈 그리고 송곳니가 강조된 이빨이 특징이다. 하지만 우리나라의 귀면은 제주도의 돌하르방과 마찬가지로 해학과 익살스런 표정으로 공포나 혐오감보다 오히려 친근한 느낌을 준다.

◈ 귀면의 특징

얼굴	더벅머리와 너털수염이 얼굴을 감싸고 있다.
머리	큰 뿔이 두 개 솟아있다.
눈썹	굵고 위로 치켜져 있다.
눈	동그랗고 크다.
코	도톰한 들창코이다.
입	양옆으로 크게 벌리고 있다.
이빨	크고 선명하며 송곳니가 있다.

경복궁은 교태전 연휘문·함화당 계명문·집경당 영춘문·건청궁 필성문과 같은 출입문에 집중적으로 장식하였다. 그리고 교태전과 자경전의 굴뚝 중앙에도 귀면이 있다. 출입문에 있는 귀면은 재난이나 질병과 같은 나쁜 기운이 문을 통해 유입되는 것을 막아 주는 상징적 의미가 있으며, 굴뚝에 장식된 귀면에는 아궁이를 통해 전달되는 화기를 감시하여 화재를 예방하는 벽사의 의미가 담겨 있다.

함화당 계명문

계명문 귀면

귀면은 전각 중에서 다리·문·굴뚝 등 가장 중요한 곳에 장식된다. 그리고 이들 귀면은 한결같이 해당 장소의 정면이나 중앙에 위치한다. 그만큼 귀면의 기능과 역할이 중요했음을 알 수 있다.

교태전 굴뚝

교태전 굴뚝 귀면

자경전 십장생굴뚝

십장생굴뚝 귀면

조선시대 궁궐은 임진왜란 때 모두 소실되었으나, 다행히 창덕궁 금천교와 창경궁 옥천교는 숱한 전쟁과 화재의 위기에도 불구하고 창건 당시의 모습을 고스란히 간직하고 있다. 이들은 견고한 석조 구조물인 까닭에 원형을 유지할 수 있었으며, 예술적으로도 뛰어난 조형미를 갖추고 있다.[10) 다리 양쪽 끝단의 엄지기둥 위에서는 서수瑞獸 조각상이 궁궐로 침입하는 나쁜 기운을 감시하고 있다. 그리고 다리 하단의 홍예虹霓 사이 벽면에는 귀면이 부조浮彫로 장식되어 있는데, 이들은 다리 밑의 물길을 감시한다.

창덕궁 금천교

금천교 귀면(보물 제1762호)

창덕궁 금천교는 난간석 외부와 교각 하단에도 서수를 배치하여 마치 요새要塞를 방불케 한다. 그리고 경복궁 영제교는 다리 옆 석축에도 천록을 배치해 놓았는데, 이들은 모두 외부세계에서 침입하는 악기惡氣를 예방하는 벽사의 기능을 한다.

창경궁 옥천교

옥천교 귀면(보물 제386호)

10) 창덕궁 금천교(錦川橋) : 1411년(태종 11) 제작, 보물 제1759년.
　　창경궁 옥천교(玉川橋) : 1483년(성종 14) 제작, 보물 제386호.

귀면은 벽사의 기능으로 가장 많이 활용되는 상징 중 하나이다. 귀면 장식은 궁궐과 사찰에서 가장 많이 활용되고 있으며, 왕릉이나 다리·기와·제기祭器 등 생활문화 곳곳에서도 볼 수 있다.

◆ 귀면의 위치

경복궁	경복궁 - 교태전 연휘문, 함화당 계명문, 집경당 영춘문, 건청궁 필성문 경복궁 - 교태전 굴뚝, 자경전 굴뚝 창덕궁 - 금천교 창경궁 - 옥천교
사찰	불국사 - 자하문 창방, 극락전 문고리, 관음전 출입문 금산사 - 일주문, 미륵전 궁창, 대장전 궁창 전등사 - 대웅전 불단 선암사 - 일주문 창방 개암사 - 대웅전 처마
고석(鼓石)	건원릉, 영릉, 선릉, 정릉, 헌릉, 인릉 등 왕릉의 혼유석 하단
귀면와	안압지 출토, 경북대 박물관,
기타	귀면 청동로

통일신라의 대표적 호국사찰인 불국사佛國寺는 곳곳에서 귀면장식을 만날 수 있다. 경내에서 백운교와 청운교에 올라 자하문을 지나면 불국사의 본전인 대웅전大雄殿이 나온다. 그런데 자하문에서 천정을 올려다보면 우람하고 힘차게 생긴 귀면을 발견할 수 있다. 이곳에서 외부의 나쁜 기운을 24시간 감시하고 있는 것이다.

불국사 자하문(紫霞門)

자하문 창방 귀면

불국사 대웅전 서쪽에 있는 극락전極樂殿은 출입문의 문고리에 있는 귀면이 벽사의 기능을 하고 있다.

불국사 극락전(極樂殿)

극락전 문고리 귀면

불국사 대웅전 북쪽에 있는 관음전觀音殿은 건물 뒤쪽에 있는 출입문 하단에 귀면이 장식되어 있다.

불국사 관음전(觀音殿)

관음전 출입문 귀면

조선 왕릉의 봉분 앞에는 장방형 육면체의 커다란 혼유석魂遊石이 놓여 있다. 왕릉에 잠들어 있는 영혼이 가끔씩 나와 즐기는 곳이라 하여 붙여진 이름이다. 그런데 혼유석 근처에 사악한 잡귀가 접근하여 방해하면 영혼이 편하게 휴식을 취할 수 없다. 그래서 고석(鼓石, 혼유석 받침돌)의 4면에 귀면을 장식해 놓았다. 혼유석에 귀면을 경호원으로 배치하여 선왕先王의 영혼이 편한 마음으로 쉴 수 있도록 배려한 것이다.

사도세자 융릉

고석(鼓石) 귀면

(5) 드므

　드므는 '넓적하게 생긴 독'을 뜻하는 순우리말이다. 드므는 물을 담아 건물 주위에 배치하므로 일명 '방화수통'이라 할 수 있다. 지금도 경복궁을 비롯하여 창덕궁·창경궁·경희궁·경운궁·종묘 등 주요 전각의 월대 모서리나 계단 옆에 상당수가 남아 있다. 드므에는 건물에 접근하는 화마火 魔가 드므의 물에 반사된 자신의 험악한 모습을 보고 달아난다는 재미있는 설화가 깃들어 있다. 하지만 드므는 정전이나 침전 등 주요 전각 몇 군데에만 배치되어 있고, 크기도 작아 화재예방에 대한 실용적 기능보다 상징적 의미가 더 강하다고 할 수 있다.

경복궁 근정전

근정전 드므

창덕궁 인정전

창덕궁 드므

창경궁 통명전

통명전 드므

덕수궁 중화전

중화전 드므

경희궁 숭명전

숭명전 드므

고대 중국에서도 드므와 비슷한 도구를 비치했는데, 이것을 문해門海라고 불렀다 한다. 중국 자금성에 비치된 드므는 한국의 것에 비해 규모가 훨씬 크고 많은 장소에 비치된 것이 한국과 다르다.

자금성 드므

자금성 드므

12. 굴뚝

(1) 독립형 굴뚝
(2) 일체형 굴뚝
(3) 기단형 굴뚝

굴뚝은 아궁이를 통해 전달되는 화기火氣의 연소물질을 외부로 배출하고, 역류하는 불길을 막아주는 구조체이다. 굴뚝은 설치 유형에 따라 독립형 굴뚝·일체형 굴뚝·기단형 굴뚝으로 나누며, 사용 재료에 따라 토관굴뚝·벽돌굴뚝·철재굴뚝·시멘트굴뚝 등으로 구분한다. 굴뚝은 바람의 영향을 많이 받으므로 환경에 따라 굴뚝의 높이를 다르게 설치한다. 즉 산간지대와 같이 산으로 둘러싸인 공간은 굴뚝의 높이를 지붕의 용마루까지 높게 해야 하지만, 평야지대는 처마나 담장 높이면 적당하다.

굴뚝의 본래 기능은 연소물질의 원활한 배출이지만, 건물에 따라서는 장식적 요소로 활용되기도 한다. 궁궐·사찰·서원·향교 등과 같은 공공건물이나 부유한 사대부 집안에서는 굴뚝에 독특한 치장을 하여 멋을 부리기도 하였다. 특히 궁궐에는 미학적·실용적 부분이 고려되어 주위 환경과 조화를 이루는 멋진 굴뚝들이 많이 있다. 그 중에서도 교태전 굴뚝과 자경전 십장생굴뚝은 예술적인 면에서 단연 돋보인다.

◈ 굴뚝의 유형

독립형 굴뚝	벽돌이나 관을 이용하여 독립된 구조체로 만든 굴뚝이다. 경복궁 교태전·창덕궁 대조전 및 낙선재·창경궁 통명전·덕수궁 함녕전 굴뚝
일체형 굴뚝	건물벽이나 담장의 일부에 연도(煙道)를 두어 만든 굴뚝이다. 경복궁 자경전 십장생굴뚝, 경복궁 사정전 굴뚝, 도동서원 중정당 굴뚝
기단형 굴뚝	건물 기단의 표면에 구멍을 뚫어 연기가 배출될 수 있도록 만든 굴뚝이다. 굴뚝이 기단의 일부로 처리되어 기단과 구분이 잘 안 된다. 집안의 소독·이웃에 대한 배려·풍류 등 다양한 목적으로 활용된다. 소쇄원 광풍각, 외암마을 참판댁, 곡성 군지촌정사, 구례 운조루, 하회 양진당

(1) 독립형 굴뚝

교태전 후원에 있는 아미산 화계의 경관은 붉은색 벽돌이 선명한 교태전 굴뚝이 압도적이다. 교태전 굴뚝은 1867년(고종 4) 경복궁을 중창하면서 새롭게 만든 것으로, 굴뚝의 기단은 화강석을 육각형으로 다듬어 만들었으며, 그 위에 붉은색 전돌을 쌓아 몸신을 갖추었다. 지붕은 창방·소로·서까래·기와 등 목조건축 형상을 모방하였고, 그 위에 연기를 배출하는 연가煙家를 얹었다. 굴뚝 하부에는 불가사리와 해치 등의 소조편塑造片1)을 부착하였으며, 몸신에는 사각형의 하얀 회벽에 붉은색 진흙을 구워 십장생·사군자·만자문 등으로 꾸미고, 그 위를 귀면·학·당초무늬 등으로 장식하였다.

교태전 후원

교태전 굴뚝

교태전과 함원전은 건물과 상당한 거리를 두고 굴뚝을 설치하여 마치 별개의 것처럼 보인다. 특히 교태전 굴뚝은 건물에서 훨씬 멀리 떨어져 있을 뿐만 아니라 붉은색 육각형 몸체를 화려하게 장식하여 마치 하나의 작품을 연상케 한다.

---

1) 소조(塑造) : 찰흙·석고·밀랍 등 점성이 있는 재료를 사용하여 입체적 미술품을 제작하는 기법을 말한다.
  소조편(塑造片) : 소조의 과정을 통해 제작된 개별적인 작품을 말한다.

함원전 후원

함원전 굴뚝

수정전과 만춘전은 독립형 굴뚝이지만 건물 배면의 공간이 넉넉하지 않아 건물 가까이에 설치하였다. 이 경우에는 굴뚝의 높이를 처마 위쪽으로 높게 설치하여, 건물이 그을음의 영향을 받지 않도록 하였다.

수정전(修政殿)

수정전 굴뚝

만춘전(萬春殿)

만춘전 굴뚝

(2) 일체형 굴뚝

건물이나 담장의 한 쪽 면에 붙여서 굴뚝을 만들기 때문에 공간의 활용성이 높다. 따라서 전각 내부에 넓은 공간이 많지 않은 궁궐이나 도심 주거 등에 적합한 양식이라 할 수 있다. 특히 경복궁의 굴뚝은 건물과 굴뚝의 재질이 조화를 이루어 굴뚝이 마치 건물의 장식재와 같은 느낌을 준다.

교태전(交泰殿)

교태전 굴뚝

건청궁의 벽체는 전체적으로 맨 아래에 장대석을 깔고 그 위에 순차적으로 사괴석四塊石과 검정색 벽돌을 쌓아 만들었다. 그래서 건청궁 굴뚝의 재료를 검정색 벽돌로 처리하여 일체감을 갖도록 하였다.

건청궁(乾淸宮)

건청궁 굴뚝

건청궁 정안당

정안당 굴뚝

특히 곤녕합 담장은 굴뚝의 재질뿐만 아니라 굴뚝 상단의 기와지붕까지 주위 환경과 잘 어울린다.

건청궁 곤녕합

곤녕합 굴뚝

집경당과 함화당의 담장은 사괴석2)과 지붕 사이의 벽돌이 붉은색이다. 그래서 굴뚝에 사용된 벽돌의 재질과 색상을 동일하게 제작하여 일체감과 조화를 이루도록 하였다.

---

2) 사괴석(四塊石) : 한옥의 외벽이나 담장 등을 쌓는데 쓰이는 사각형의 돌이다. 크기는 18~20cm 정도의 입방체형이며 주로 화강석으로 만든다.

집경당(緝慶堂)

집경당 굴뚝

함화당(咸和堂)

함화당 굴뚝

(3) 기단형 굴뚝

건축물을 세우기 위해 돌이나 흙으로 지면보다 높게 쌓은 것을 기단基壇이라 한다. 목조건축물은 지면에서 전달되는 습기나 빗물에 취약하기 때문에 건축물 하단에 일정 높이의 기단을 조성하여 이러한 피해를 예방한다. 기단 위에 집을 지으면 집이 상대적으로 웅장하게 보이는 효과가 있으며, 마당의 햇빛을 집안으로 반사시켜 실내 환경을 밝고 쾌적하게 해 준다.

굴뚝은 아궁이에서 생성된 연기가 배출되는 곳이므로 건물의 배면에 연통 형태로 설치하는 것이 일반적이다. 그런데 별도의 연통을 만들지 않고, 지면에서 높게 쌓은 기단 표면의 한 곳으로 연기가 배출되도록 처리한 굴뚝을 기단형 굴뚝이라 한다. 기단형 굴뚝은 보통 부잣집 안채나 사랑채의 기단에 설치되었으며, 자세히 보지 않으면 기단면과 잘 구분이 되지 않는다.

옛날에는 굴뚝으로 배출되는 연기를 통해 그 집이 식사준비 중임을 알 수 있었다. 그런데 주위에 가난이나 기근으로 굶주리는 이웃이 있으면 마음 놓고 음식을 준비하는 것이 부담스러울 수밖에 없다. 이러한 상황을 피할 수 있도록 굴뚝의 위치와 높이를 바꾸어 만든 것이 기단형 굴뚝의 유래라고도 한다.

운조루 안채

운조루 기단형 굴뚝

지리산 남쪽 끝자락인 전남 구례에는 호남지방의 대표적인 양반가옥 운조루雲鳥樓가 있다. 영·정조 시기에 낙안군수와 용천부사를 지낸 귀만歸晩 유이주가 지은 대저택인데, 이곳에는 작은사랑채와 안채에 각각 기단형 굴뚝이 가설되어 있다.

운조루 작은사랑채

작은사랑채 기단형 굴뚝

아산牙山의 외암마을에 있는 이참판댁도 정문을 들어서면 사랑채 기단의 굴뚝이 한눈에 들어온다. 암키와 두 장을 마주보게 하여 만든 연통이 앙증맞다. 이곳에는 이러한 연통이 좌우로 두 개가 있다.

외암마을 이참판댁

사랑채 기단형 굴뚝

담양의 소쇄원瀟灑園에서는 기단형 굴뚝을 풍류의 수단으로 활용하고 있다. 소쇄원은 가장 한국적인 전통원림 중 하나라고 알려져 있는데, 정원을 가로질러 흐르는 계곡물과 정자의 조화가 일품이다. 광풍각光風閣은 사교와 휴식을 위해 계곡 위에 지은 9칸 규모의 정자건물이다. 광풍각 기단부의 바위틈으로 조그만 굴뚝이 연결되어 있는데, 아궁이에 불을 지피면 하얀 연기가 계곡을 감싸 환상적인 운치를 자아낸다.

소쇄원 광풍각

광풍각 기단형 굴뚝

♣ 참고문헌

『고산유고(孤山遺稿)』

『금낭경(錦囊經)』

『다산시문집(茶山詩文集)』

『대동야승(大東野乘)』

『도덕경(道德經)』

『동국여지비고(東國輿地備攷)』

『동국여지승람(東國輿地勝覽)』

『동국이상국집(東國李相國集)』

『매월당집(梅月堂集)』

『목은집(牧隱集)』

『사기(史記)』

『산림경제(山林經濟)』

『산해경(山海經)』

『삼국사기(三國史記)』

『삼국유사(三國遺事)』

『서경(書經)』

『선화봉사고려도경(宣和奉使高麗圖經)』

『설문해자(說文解字)』

『승정원일기(承政院日記)』

『신농본초경(神農本草經)』

『신증동국여지승람(新增東國輿地勝覽)』

『양화소록(養花小錄)』

『여씨춘추(呂氏春秋)』

『연려실기술(練藜室記述)』

『영재집(泠齋集)』

『왜한삼재도회(倭漢三才圖會)』

『용재총화(慵齋叢話)』

『육선생유고(六先生遺稿)』

『조선왕조실록(朝鮮王朝實錄)』

『주역(周易)』

『증보문헌비고(增補文獻備考)』

『지봉집(芝峯集)』

『진무경(眞武經)』

『청장관전서(靑莊館全書)』

『초사(楚辭)』

『포박자(抱朴子)』

『한중록(閑中錄)』

『해동역사(海東繹史)』

『허백당집(虛白堂集)』

『회남자(淮南子)』

『후한서(後漢書)』

강태권, 『동양의 고전을 읽는다. 3』, 휴머니스트, 2006.

구인환 외, 『고대문학과 송강가사』, 한국헤밍웨이, 2006.

국립문화재연구소, 『창덕궁 신선원전』, 이펙피앤피, 2010.

기태완, 『꽃, 들여다보다』, 푸른지식, 2012.

기획집단 MOIM, 『고사성어 일촌맺기』, 서해문집, 2016.

김라나, 『고구려고분벽화』, 문화재청, 2005.

김창환, 『중국의 명문장 감상』, 한국학술정보, 2011.

나카츠카 아키라, 박맹수 역, 『1894년, 경복궁을 점령하라!』, 푸른역사, 2002.

마창의, 조현주 역, 『古本山海經圖說』 上, 다른생각, 2013.

寺島良安, 『倭漢三才圖會』 第四卷, 韓國學資料院, 2011.

서정기, 『새 시대를 위한 詩經』, 살림터, 2001.

성백효, 『고문진보(古文眞寶)』, 전통문화연구회, 2016.

성현, 『용재총화』, 솔, 민족문화추진회 편, 1997.

육광남, 『연산군일기』, 하늘과땅, 2006.

이광한, 『궁궐의 현판과 주련 1』, 수류산방, 2009.

이상희, 『꽃으로 보는 한국문화 3』, 넥서스북스, 2004,

이상희, 『우리 꽃문화 답사기』, 넥서스, 1999.

이종묵, 『조선의 문화공간 2』, 휴머니스트, 2006, p.216.

정민, 『다산선생 지식경영법』, 김영사, 2006.
정민, 『한시 미학산책』, 휴머니스트, 2010.
정민, 『한시 이야기』, 보림출판사, 2006.
정학유, 허경진 역, 『시명다식(詩名多識)』, 한길사, 2007.
진옥경, 『고풍 악부 가음』, 역락, 2014.
한영우, 『창덕궁과 창경궁』, 열화당, 2003.
한형조, 『한국의 고전을 읽는다, 2』, 휴머니스트, 2006.
혜경궁, 이선형 역, 『한중록』, 서해문집, 2003.

♣ 찾아보기

【ㄱ】
가사규제 185
갈홍 126, 227, 254
강녕전 160
강화도 75
강화성당 83
강희안 95, 220
거북 119
건순각 140, 165
건순문 169
건춘문 33
경성전 40, 161
경춘전 48
경회루 180
계광당 83
계명문 134, 276
계무문 61
고석 280
고종명 78
고주몽 81
곤녕합 84, 104
공동체신앙 140
공알바위 138
관음성지 139
관풍헌 230
광무문 61
광통교 149
광풍각 293
광화문 72
괴석 140, 143
괴운문 87
교태전 163

구름 85
구양수 220
국새 121
국화 223
굴뚝 285
권중화 158
귀갑문 122
귀면 276
귀부 120
금관총 124
금와 81
금천교 152
금호문 52
기념비전 151
기단형 굴뚝 291
기로소 151
기자신앙 140
기화요초 126
길상문양 237
김소월 231
김수로 81
김시습 89, 205
김알지 81
김정희 96
김조순 194
김홍도 116, 213, 226
꽃담 197

【ㄴ】
나비 202
나업 229
낙선재 198

낙양 250
낙지론 117
낙하담 174
난간대 109
남근석 138
내림마루 50
내순당 166
노송영지도 131
노자 90
녹봉 123
녹산 127
누정 250

【ㄷ】

단봉문 57
닭 58
담장 82
답도 19, 51, 248
당초문양 247
당초운문 87
대나무 232
대명궁 57
대조전 164
대한제국 51, 135
덕수궁 51
도연명 206, 210, 213, 224
도쿠가와 이에야쓰 115
독립형 굴뚝 287
돈암서원 198
돈화문 52
돌 137
돌란대 107
돌확 172
동궐도 114
동기창 177
동룡 190
동명왕편 86

동방삭 213
동십자각 30
두보 229
드므 246, 281

【ㅁ】

막새기와 135
만세문 198
만자문 243
만춘전 39
만통문 169
망주석 106
맞배지붕 176
매화 204
매화잠 205
먹구름 87
명당 90
명당공간 153
명성황후 180
모란 220
모란도 222
모임지붕 176
몽룡실 47
무기연당 68
무령문 61
무시무종 239
무청문 61
문무왕 126
문암 138
문왕팔괘도 72
문해 283
물 89
물확 172
뭉게구름 87
미불 177
민묘 92

【ㅂ】

바실리카 양식 83
박쥐 253
박팽년 211
박혁거세 81
반남박씨 196
발해 55
방장산 130
방화수류정 48, 105
배봉산 48
백거이 230
백록담 126
백운거사 88
백호 52
법수 107, 152
벽사 258
벽사상징 257
벽사수 258
변계량 183
병풍석 106
보 65
보리암 139
보문사 139
보운문 87
보의당 166
보현당 180
보현봉 58
복련 111
복숭아 210
복희씨 72
복희팔괘도 72
봉래산 130
봉록 123
봉황문양 50
봉황장식 179
부용정 105
부용지 105

부조 57
북궐도 99
불로초 79, 129
불운정 57
붙박이형 굴뚝 289
비보 58
비현각 272

【ㅅ】

사괴석 290
사군자 239
사도세자 48
사슴 123
사시향루 104
사신 44
사신사 59, 120, 239
사신수 44
사육신 97
사직단 66, 96
사직송도 96
4태극 18, 20
산해경 54
삼공불환도 116
삼국유사 86
삼신산 125, 130
3태극 18, 21, 23
상극 189
상무대 62
상생 189
샤치호코 266
생기 90
서거정 60
서귀포 130
서불 130
서수 152
서십자각 30
서왕모 213

서유기 86
석련지 172
석류 216
석확 172
선교장 69, 200
선원전 26
선천도 72
설총 220
성삼문 205
성종 127
성현 214
세시풍속 95
세한도 96
소쇄원 293
소식 233
솜털구름 87
솟을대문 199
송수천년 115
수구제 140
수막새 49
수빈박씨 196
수조 172
수키와 135
순원왕후 196
승순당 166
신덕왕후 149
신무문 60, 120
신사임당 47
신정왕후 196
십이지신 147, 239
십장생 77, 239
십장생굴뚝 80
십장생문양 78
쑥물 90
씻김굿 90

【ㅇ】

안견 211
안동김씨 196
안산 55
안압지 126
안평대군 205, 211
암막새 49
암키와 135
앙련 111
애련설 102
애련정 105
애련지 105
양귀비 221
양성바름 177
양의문 168
어도 248
어몽룡 209
어새 121
엄지기둥 107, 151
여근석 138
연길당 161
연꽃 100
연산군 127
연생귀자 100
연생전 40, 161
연영합 114
연화대좌 107
연화문 110
연화보주 107
연화세계 110
연화화생 106
연휘문 133, 169, 276
열상진원샘 92
영제교 262, 278
영주산 130
영추문 33
영춘문 134, 276

오문 83
오복 78, 239
오죽헌 208
오행론 24
옥천교 152
옥호루 104
왕안석 216
왕흥사지 치미 266
외암마을 293
용두 48, 50
용마루 50
용상 49
용성문 32
용연 48
우왕 119
우진각지붕 176
운조루 70
원구단 65, 135
원길헌 166
월화문 31
유운문 87
유호덕 78
유희경 212
운건 113
윤선도 212
윤증고택 69
융무당 38
융무루 36
융문당 38
융문루 36
음양 18, 28, 80
음양오행 18
응지당 161
이규보 88, 125
이백 221
이상적 97
이수 120

이수광 212
이숭인 234
이승만 62
이이 47, 208
이정 209
이조년 231
이지 52
2태극 18, 21, 23
이황 206
인유문 127
일월담 82
일월오봉도 25
일화문 31
임진왜란 115
입수처 92

【ㅈ】
자경전 194
자선당 272
잡상 271
장릉 92
장명등 106
장승업 224
장안당 84, 104
장안성 57
장의동 59
장풍득수 90
재성문 169
적오 54
전등사 75
전형필 114
절파계 117
점운 87
정 73
정관헌 255
정도전 158
정릉 149

정선 96, 131, 226
정순왕후 116, 194
정안수 90
정약용 217
정작 228
정조 48
정철 212
정화수 90
제갈량 113
조대비 197
조비연 222
주돈이 102 220
주련 108
주오 54
주작 54
주작대로 55
주춧돌 66
중광문 83
중양절 228
중장통 117
중화전 248
지네 58
지단 65
진달래 228
진시황 79
집경당 62, 133
집옥재 175

【ㅊ】
차경 250
창덕궁 52
창무문 62
창의문 59
척수 265
천단 65
천무 62
천원지방 63, 68

천추전 39
천학매병 114
철인왕후 196
철종 75
청룡 46
체인당 166
초석 66
최양선 58
최항 101
추녀마루 50
추수부용루 102
추연 24
취두 265
취향교 103
치미 265

【ㅋ】
킨샤치 266

【ㅌ】
태극 18
태실증고사 158
태양 80
태원전 94
태음신 59
태종무열왕릉비 120
태화전 269
토요토미 히데요시 115
통명전 164
툇마루 109

【ㅍ】
파련각 250
팔괘 72
팔괘도 72
팔괘문양 72
팔우정 176

팔작지붕 176
평대문 199
표암봉 138
풍수 90
풍양조씨 196
필성문 276

【ㅎ】
하륜 158
하엽 108
하지 105, 173
학 113
학금 114
학몽합 114
학문양 113
학수만년 115
학수송령도 115
학창의 113
함광문 83
함녕전 164
함원전 269
함월지 174
함형문 169
함홍각 166
함화당 62, 133
항아 214
해치 259
향물 90
향오문 162
향원정 102
향원지 102

향일암 139
현룡 47
현륭원 48
현무 59
협길당 176
협생문 32
혜경궁 48
호 88
혼유석 280
홍련암 139
홍만선 95
홍범구주 78
홍예 46
화문담 197
화산별곡 183
화성 48, 105
화심형 106
화장벽돌 198
화초담 197
환웅 85
황궁우 51, 248
황남대총 124
회상전 164
효명세자 114, 195
효현왕후 196
후천도 72
흉배 65
흠경각 93
흥복전 62
흥선대원군 197
희메지성 치미 266

■ 저자 황인혁

건국대학교 문학박사

건국대학교 문화콘텐츠학과 겸임교수

저서: 『CAD와 건축』(2010), 『조선왕릉 산도』(2017)

논문: 화상처리법을 이용한 경도측정에 관한 연구, 서울시립대학교 석사학위논문, 1993

조선시대 『선원보감』의 분석과 활용에 관한 연구, 건국대학교 박사학위논문, 2015

조선왕실 산도 중 「장릉도」와 「사릉도」에 관한 연구, 2014

『璿源寶鑑』의 기본구성과 제작배경, 2013

『璿源寶鑑』에 수록된 산도의 표현기법에 관한 연구, 2014

준경묘·영경묘 산도에 대한 비교 연구, 2017

경복궁의 상징과 문양

▶

초판 1쇄 │ 2018년 3월 20일

초판 2쇄 │ 2018년 12월 26일

초판 3쇄 │ 2023년 5월 8일

초판 4쇄 │ 2024년 1월 22일

저　　자 │ 황인혁

발 행 인 │ 권호순

발 행 처 │ 시간의물레

▶

주　　소 │ (10956)경기도 파주시 숲속노을로 150 708-701

전　　화 │ (031)945-3867

팩　　스 │ (031)945-3868

전자우편 │ timeofr@naver.com

블 로 그 │ http://blog.naver.com/mulretime

홈페이지 │ http://www.mulretime.com

▶

ISBN 978-89-6511-218-1 (03900)

정 가 28,000원